AU CŒUR

DE

L'ANTARCTIQUE

SIR ERNEST SHACKLETON

AU CŒUR

DE

L'ANTARCTIQUE

EXPÉDITION DU « NIMROD » AU PÔLE SUD

D'APRÈS L'ADAPTATION DE

M. CHARLES RABOT

OUVRAGE ILLUSTRÉ
DE 40 PLANCHES HORS TEXTE
Et d'une Carte en noir.

PARIS

LIBRAIRIE HACHETTE ET CIE

79, BOULEVARD SAINT-GERMAIN

1911

AU COEUR
DE L'ANTARCTIQUE

CHAPITRE I

D'ANGLETERRE A LA GRANDE BARRIÈRE
ET A LA TERRE DU ROI ÉDOUARD

Pourquoi je repartis pour l'Antarctique. ‖ Programme de l'Expédition. ‖ Le navire de l'Expédition. ‖ Poneys, chiens et automobile. ‖ Personnel. ‖ A Cowes. ‖ En Nouvelle-Zélande. ‖ Départ de Lyttelton a la remorque du *Koonya*. ‖ La tempête. ‖ Arrivée a la mer de Ross. ‖ La Grande Barrière. Je dois renoncer a établir nos quartiers d'hiver a la Terre du Roi Édouard VII.

L ES explorateurs s'élancent à la conquête des terres vierges, poussés soit par le goût des aventures, soit par le souci des recherches scientifiques, soit encore par le mystérieux attrait de l'inconnu. Dans la décision que je pris de partir pour l'Antarctique, je subis l'influence de ces trois mobiles des actions humaines.

Rapatrié pour cause de maladie avant la fin de l'expédition de la *Discovery*, j'avais gardé un ardent désir de revoir cet immense continent de glace et de neige. Les régions polaires laissent, en effet, sur ceux qui y ont combattu une empreinte dont les hommes qui ne sont jamais sortis du monde civilisé peuvent difficilement s'expliquer la puissance. J'étais, d'autre part, convaincu qu'une expédition organisée suivant les principes que j'avais

I

arrêtés dans mon esprit serait fructueuse et permettrait de compléter et d'élargir l'œuvre déjà si considérable de la *Discovery*.

Cette mission avait découvert la grande chaîne de montagnes qui court dans la direction nord-sud, du cap Adare au 82° 17' de latitude sud ; mais on ignorait si au delà de ce point cette chaîne se prolongeait loin dans le sud-est ou dans l'est. Par suite, l'extension de la Grande Barrière vers le sud demeurait mystérieuse. Pareillement dans la direction de l'est, l'étendue de cet immense glacier était complètement inconnue, l'expédition de la *Discovery* n'ayant pu reconnaître les dimensions de la Terre du Roi Édouard VII. Enfin il était important d'étudier le mouvement d'écoulement de la Barrière. En outre de ces trois questions, une quatrième me préoccupait particulièrement. Au sud du 82° 17' de latitude, n'existait-il pas un haut plateau semblable à celui découvert par le capitaine Scott à l'ouest des montagnes de l'Ouest ?

L'entreprise étant organisée à mes risques et périls, je me passai de comité de patronage et de direction. La Société de Géographie de Londres, tout en m'accordant son secours moral, ne put me donner de subvention. Je me procurai par un emprunt à rembourser en 1910, après le retour de l'Expédition, une somme de 5oo ooo francs. Aussitôt cette somme trouvée, je me mis en campagne pour acheter les provisions et le matériel. L'équipement d'une expédition polaire exige une attention minutieuse. J'y donnai tous mes soins, avec M. Alfred Reid, qui me fut d'un précieux concours.

Pour transporter la Mission dans l'Antarctique, j'achetai le *Nimrod*, un vieux « phoquier » de Terre-Neuve. S'il était petit et lent, — sa vitesse à la vapeur ne dépassait guère six nœuds, — en revanche il était solide et capable d'affronter les chocs de la banquise. Sa campagne de chasse terminée, le bâtiment fut dirigé sur la Tamise, où il arriva le 15 juin 1907 et où je le fis adapter à sa destination nouvelle.

Pour nous abriter pendant l'hivernage à terre, un solide baraquement serait nécessaire. Comme, dans le principe, cette construction ne devait recevoir que douze hommes, j'en fis établir une qui, comme dimensions extérieures, aurait 9 m. 90 sur 5 m. 70 et 2 m. 40 de haut jusqu'au bord du toit. Nous n'y serions pas au large, d'autant qu'il faudrait y abriter du matériel et une certaine quantité d'approvisionnements ; mais des logements exigus ont l'avantage d'être faciles à chauffer sans une trop grande dépense de combustible. Le baraquement fut embarqué démonté. La baraque était doublée d'un matelas de planches et les murs et le toit entourés extérieurement d'une double enveloppe de gros feutre, séparée par des lattes épaisses de 0 m. 025. Afin de rendre les murs mauvais conducteurs et assurer ainsi une protection contre le froid aussi complète que possible, l'espace libre entre le matelas de planches et la première enveloppe de feutre fut rempli de liège pulvérisé. La construction devait être montée sur des pilotis. Enfin, à la crête du toit étaient fixés des anneaux destinés à recevoir des cordes de retenue qui en assureraient la stabilité. Le baraquement avait deux portes munies d'un tambour pour empêcher l'air extérieur de pénétrer dans la maison et quatre doubles fenêtres. Le toit était percé de deux ventilateurs, qui se manœuvraient de l'intérieur. En fait de meubles, je n'emportai que quelques chaises. Les caisses d'emballage devaient servir à la fabrication du mobilier. L'éclairage serait fourni par un appareil à acétylène et le chauffage par le fourneau de cuisine. Le combustible choisi fut l'anthracite.

Je me proposais d'employer des poneys, des chiens et une automobile au halage des traîneaux dans les longues expéditions projetées ; mais c'est surtout sur les poneys que je comptais. Les chiens ne s'étaient pas montrés très brillants sur la Barrière, lors de l'expédition de la *Discovery* ; je n'en attendais pas mieux cette fois-ci. En revanche, j'étais persuadé que les robustes poneys employés dans la Chine septentrionale et en Mandchourie me rendraient de très grands services si je parvenais à les amener en bon état jusqu'au glacier. J'avais vu ces poneys à Changhaï ; d'autre part, je savais que l'expédition Jackson-Harmsworth à la Terre François-Joseph en avait tiré un excellent parti. Ces petits chevaux halent de lourds fardeaux, sont habitués à de très basses températures, se montrent durs à la peine et ont le pied très sûr. Sur la Grande Barrière, peut-être aurions-nous la chance de rencontrer de la neige ferme. Cette considération me détermina à emporter une automobile. Sur une neige passable, une machine pourrait haler une très lourde charge à une assez bonne vitesse. Bien que n'ayant qu'une confiance médiocre dans les chiens, j'en emmenai cependant neuf. Par suite des naissances survenues, l'effectif de notre meute fut porté à vingt-deux têtes.

De la valeur de ses membres dépend en grande partie le succès d'une expédition polaire. Chaque homme doit posséder la pratique complète de la fonction qu'il a acceptée et en même temps la force de résistance nécessaire pour supporter le climat. Il est non moins important que les collaborateurs aient bon caractère, afin que la concorde règne dans la petite communauté, et cela n'est pas toujours facile, car les esprits aventureux qui se lancent à la conquête des régions vierges du globe possèdent généralement une individualité marquée. Je ne reçus pas moins de quatre cents demandes d'admission.

Après mûre réflexion, je fixai à onze le nombre des collaborateurs à terre. Trois seulement m'étaient connus avant le départ, Adam, Wild et Joyce. Seuls les deux derniers, qui avaient fait partie de l'expédition de la *Discovery*, avaient l'expérience des régions

PHOTOGRAPHIE PRISE A BORD DU « NIMROD » AU DÉPART DE LYTTELTON.

LE « NIMROD » PASSANT DEVANT LE « POWERFUL », VAISSEAU-AMIRAL DE L'ESCADRE DU PACIFIQUE,
DANS LA RADE DE LYTTELTON.

polaires. Le « corps de débarquement » était ainsi composé : Ernest-Henry Shackleton, lieutenant de réserve dans la marine royale (1874)[1]; J.-B. Adams, lieutenant de réserve dans la marine royale (1880), météorologiste; Sir Philippe Brocklehurst, baronet (1887), géologue-adjoint, chargé des observations courantes; Bernard Day (1884), mécanicien-électricien, chargé de la conduite de l'automobile; Ernest Joyce (1875), magasinier, chef du chenil, conservateur des collections géologiques; Dr A.-F. Mackay (1878), médecin; Dr Eric Marshall (1879), médecin et topographe; G.-E. Marston (1882), artiste peintre; James Murray (1865), biologiste; Raymond Priestley (1886), géologue; William Roberts (1872), cuisinier; Frank Wild (1873), un descendant du célèbre Cook, commis aux vivres. Plus tard, la libéralité des Gouvernements australien et néo-zélandais me permit d'augmenter le nombre de mes collaborateurs. Je pus ainsi m'assurer le concours de Douglas Mawson (1880), chargé de cours de minéralogie et de pétrographie à l'Université d'Adélaïde, et de Bertram Armytage (1869). Le professeur Edgeworth David, qui, dans le principe, devait nous accompagner seulement jusqu'aux derniers quartiers d'hiver, consentit finalement à demeurer avec nous. Il était âgé de cinquante ans. La valeur de sa collaboration ne saurait être trop proclamée.

L'état-major du *Nimrod*, au moment de son départ d'Angleterre, était ainsi composé : Rupert England, lieutenant de réserve de la marine royale, capitaine; John K. Davis, second; A.-L.-A. Mackintosh, premier lieutenant; Dr W.-A.-R. Michell, médecin; H.-J.-L, Dunlop, premier mécanicien; Alfred Cheetham, deuxième lieutenant et maître d'équipage. Le capitaine England avait servi comme second à bord du *Morning*, envoyé pour ravitailler l'expédition de la *Discovery*; il connaissait donc la navigation dans l'Antarctique.

1. Les dates entre parenthèses indiquent l'année de la naissance.

AU CŒUR DE L'ANTARCTIQUE

Les préparatifs de l'Expédition furent menés rapidement. Avant la fin de juillet, matériel et provisions étaient arrimés dans les cales du *Nimrod* et le navire paré pour l'appareillage à destination de la Nouvelle-Zélande. Comme point de départ pour l'Antarctique, j'avais choisi Lyttelton, port bien approvisionné. Le 3o juillet 1907, le *Nimrod* prit la mer pour gagner Torquay, sa première escale, au cours de son voyage de Londres à la Nouvelle-Zélande. Le 4 août, nous mouillons à Cowes. Là, le roi et la reine, accompagnés du prince de Galles, de la princesse Victoria, du prince Édouard et du duc de Connaught, viennent nous passer en revue. Le roi me confère l'ordre de Victoria et la reine me remet un drapeau qui devait être planté au point extrême de notre raid vers le sud.

Appareillant le lendemain matin, nous arrivons deux jours après à Torquay. Le mercredi matin, 7 août, le *Nimrod* prenait définitivement la mer à destination de la Nouvelle-Zélande, tandis que je regagnais Londres pour rejoindre plus tard le navire par paquebot, comme la plupart des membres de l'expédition d'hivernage. Après avoir relâché à Saint-Vincent et au cap, notre bateau mouillait à Lyttelton le 23 novembre. Dans les premiers jours de décembre, j'arrivai à mon tour en Australasie.

Les derniers préparatifs nous donnèrent un énorme travail ; finalement, le 31 décembre 1907, tout était prêt. Pour le logement à bord des naturalistes, on avait construit des cabines dans la partie arrière, auxquelles on accédait par un escalier très raide partant du kiosque. L'espace n'était pas grand ; il y avait tout juste la place suffisante pour une couchette. Ce logement reçut le nom d' « Oyster Alley » (allée des huîtres), pour une raison que j'ignore. Les poneys sont installés sur le pont dans des stalles. La grande caisse renfermant l'automobile est solidement amarrée par des chaînes et au centre du navire. Sur le pont ont été en outre

chargés les caisses de maïs, les boîtes de carbure pour l'acétylène,
du charbon, des traîneaux, etc.

Une fois tous les approvisionnements casés, le navire ne pouvait
plus emporter qu'une faible quantité de combustible ; je pris donc
le parti de le faire remorquer jusqu'à la lisière des glaces. A cet
effet, j'affrétai le *Koonya*, navire en acier d'environ 1 100 tonnes.

Le 1er janvier 1908, une matinée claire et ensoleillée inaugure
la dernière journée que nous allons passer dans le monde civilisé.
Avant le coucher du soleil, tous les liens qui nous rattachent au
monde extérieur seront coupés pour plus d'une année. Après le
travail acharné de l'année qui vient de s'écouler, j'éprouve en ce
jour un soulagement. Je vois l'avenir en beau, sans songer aux
vicissitudes futures.

C'est jour de régates à Lyttelton. La ville grouille d'une foule
de curieux, et grande est la presse des visiteurs à bord. Dans tous
les coins disponibles à bord, des approvisionnements et du charbon
ont été entassés. Alourdi par cette surcharge, le *Nimrod* se trouve
très bas sur l'eau ; il n'a plus que 1 m. 05 de franc-bord. Aux
250 tonnes de combustible que nous emportons, j'aurais désiré
en ajouter 50 autres ; mais c'eût été trop hasardeux.
Malgré ma confiance dans ses qualités, je ne suis pas sans inquiétude sur la manière dont notre navire se comportera par gros
temps.

Dans l' « Allée des Huîtres » archibondée d'instruments scientifiques et des bagages personnels des quatorze membres du
« corps de débarquement », il est aussi difficile d'entrer que d'en
sortir. Avec cela on y voit à peine, la porte étant encombrée de
caisses bouchant l'unique et étroite lucarne qui éclaire ce réduit.
Partout des caisses et des sacs, même sur les couchettes. Malgré
cet encombrement, un de mes plus actifs amis néo-zélandais,
M. George Buckley, brûle plus que jamais du désir de nous

accompagner jusqu'au seuil de l'Antarctique. Incapable de résister à ses supplications ardentes, je lui accorde l'autorisation désirée. Il est deux heures de l'après-midi. A quatre heures, le *Nimrod* doit appareiller. D'un bond Buckley est à la gare, saute dans un train pour Christchurch, court à son club, remet à un ami une procuration pour diriger ses affaires en son absence, jette dans un sac sa brosse à dents et une chemise de rechange, reprend le train pour Lyttelton et nous rejoint quelques minutes avant le départ. Son équipement, pour affronter le climat le plus terrible qui soit au monde consiste en un complet d'été : un record dans son genre !

A quatre heures moins une minute, ordre est donné à la machine d'être prête à balancer. A l'heure précise, les amarres sont relevées, et, acclamé par une foule innombrable, le *Nimrod* sort lentement des bassins. En passant devant le *Galilée*, qui porte l'Expédition Magnétique américaine, ce sont de nouveaux hourras non moins chaleureux. Lorsque nous sortons des jetées, l'enthousiasme devient frénétique. Le canon tonne, les sirènes sifflent sans arrêt, tandis que trente mille poitrines nous acclament. Précédés par le *Koonya* et flanqués de paquebots chargés de milliers de passagers, nous sortons des canaux, profondément émus par ces adieux délirants. Tous nous garderons au cœur le souvenir de la sympathie que les Néo-Zélandais ont témoignée à l'Expédition. Un peu plus loin, les ovations reprennent de plus belle lorsque nous défilons devant trois navires de l'escadre anglaise du Pacifique.

Enfin nous prenons le large. La mer est simplement ridée par un clapotis. Moins d'une heure plus tard, l'eau commence à inonder le pont. C'est de bien mauvais augure ; si le *Nimrod* embarque par un si beau temps, que sera-ce quand nous rencontrerons un fort vent du sud ?

Le carré du *Nimrod* mesure environ 3 m. 60 sur 3 m. 70 de

LE REMORQUEUR A VAPEUR « KOONYA » VU DU « NIMROD » PAR GROSSE MER. LA VAGUE QUE L'ON VOIT ICI
S'ABATTIT SUR LE « NIMROD » OU ELLE CAUSA DES AVARIES.

large; or, nous sommes vingt-deux convives ! On finit cependant par se caser tant bien que mal en installant plusieurs couverts dans les cabines voisines. Lorsque les plats arrivent, ils passent d'abord dans les annexes, puis à la table principale. Le premier soir, la mer étant calme, tout va bien; plus tard, pendant les gros temps, ce fut le plus effroyable désarroi que l'on peut imaginer. Durant les deux semaines qui suivirent notre départ, jamais nous ne nous déshabillâmes; tout ce temps nous conservâmes sur le dos les mêmes vêtements trempés par la mer.

A peine arrivés au large, nous sommes assaillis par la tempête. Dès le matin du 2 janvier, le vent commence à fraîchir du sud-ouest, et bientôt les deux navires tanguent durement, ne gouvernant plus que très mal. Durant l'après-midi, le vent « force » et la mer devient très grosse. Sous les coups de tangage de plus en plus violents, tout ce qui n'est pas solidement saisi roule bord sur bord; en même temps des paquets de mer embarquent sans relâche et nous trempent jusqu'aux os. Les poneys m'inquiètent particulièrement. Supporteront-ils la douche constante qu'ils reçoivent? Quand je songe à ces jours terribles, je me demande comment ces pauvres bêtes ont pu résister. Désormais, un service de garde des chevaux est organisé et confié au corps de débarquement. Ce poste de veille est dénommé le « Club de la Cavalerie ». Pendant les gros temps, mes compagnons y passèrent plus d'un mauvais quart d'heure. Une dure épreuve que cette garde, dans la nuit, à la lueur tremblante du fanal de tempête sous un vent glacial et des trombes d'eau qui parfois vous bousculaient rudement. Souvent la scène était véritablement terrifiante avec le rugissement de l'ouragan, le sifflement du vent dans les craquements sinistres des boiseries, au milieu des paquets de mer et des fusées d'embruns. Effrayées par ce fracas épouvantable, les bêtes hennissaient et se débattaient désespérément pour ne pas perdre pied dans l'eau qui envahissait leurs écuries mouvantes.

Le 4 janvier dans l'après-midi, de nouveau la brise force et la mer grossit à vue d'œil. Deux heures plus tard, une furieuse tempête soumettait le *Nimrod* à une dure épreuve ; il s'en tira à son honneur. A mesure que le vent augmente, notre vieux navire semble sortir de sa léthargie, on pourrait presque dire de la mauvaise humeur qu'il a jusque-là manifestée, en se sentant pour la première fois de sa longue et laborieuse carrière amarré à une remorque. Maintenant que dans la fureur de la tempête cette remorque ne sert plus qu'à l'affermir, le *Nimrod* se dirige lui-même. C'est merveille de voir comme il évite les énormes vagues qui fondent sur lui. Tantôt il monte dessus, et alors, du haut de la colline d'eau, nous apercevons le vaillant *Koonya* forçant droit à travers les flots ; tantôt, au contraire, il plonge dans le creux des lames, et, perdus au fond de ces vallées de mer, nous ne distinguons plus de notre convoyeur qu'un tuyau de cheminée et un mât faisant des embardées à travers l'embrun.

Le 5 au matin, nous signalons au *Koonya* de filer de l'huile pour nous soulager. La manœuvre réussit jusqu'à un certain point, pas assez cependant pour empêcher les plus fortes vagues de venir se briser sur notre avant. Loin d'avoir atteint son maximum la veille, comme je l'avais espéré, la tempête redouble de violence. L'angle de roulis dépasse 50° sur chaque bord ; de combien, je ne saurais le dire, l'indicateur étant gradué seulement jusqu'à 50°. Donc rien de surprenant que dans une pareille agitation du navire nos poneys fussent épuisés par les efforts qu'ils faisaient pour ne pas perdre pied. Il n'y a pas à songer à ligoter ces bêtes indomptées : l'une d'elles, lorsque nous tentons de lui passer une sangle, s'affole. Tout ce que nous pouvons faire, c'est d'essayer de les calmer à la voix ; dans cette tâche, Buckley obtient un succès remarquable. Nos intelligents petits chevaux semblent comprendre que notre ami veut les rassurer.

Le 5 janvier, désirant entrer dans la glace, aux environs du 178° de longitude est de Greenwich, je mets la route droit au sud. Dans cette région, la banquise paraît être moins épaisse que plus à l'ouest. Vers neuf heures du soir, à la suite d'un coup de roulis particulièrement violent, un poney glisse et s'abat sur le côté ; avant qu'il ait pu se relever, il est retourné sur le dos par le coup de roulis suivant. Gênés dans nos mouvements par l'étroitesse de la stalle, n'y voyant goutte, et bousculés par les vagues s'abattant sur nous, tous nos efforts pour relever la pauvre bête demeurent inutiles.

Le 6, au lieu de l'embellie attendue, c'est l'ouragan ; de tous les côtés, des montagnes d'eau ! Vers dix heures, après une dernière et inutile tentative pour relever le cheval, voyant qu'il est épuisé, je donne l'ordre de l'abattre. Une balle d'un lourd revolver d'ordonnance met fin à ses souffrances. L'après-midi, de nouveau le vent force. Ce jour-là, l'action exercée par la remorque sur notre vieux navire se révèle singulièrement préoccupante. Depuis plusieurs jours déjà, à la suite de suintements survenus dans la partie avant, le poste était devenu très humide. Mais, lorsque le premier mécanicien m'annonce que le bateau fait trois pieds d'eau à l'heure, je ne puis me défendre d'un moment d'effroi. Certes je pensais bien qu'un vieux navire comme le nôtre fatiguerait, mais trois pieds d'eau en une heure, c'est inquiétant ! Immédiatement la pompe à bras est armée pour soulager les pompes à vapeur et empêcher l'eau de monter. Tout le monde s'y met sans distinction !

Et toujours la mer grossit. Vers minuit, c'est un ouragan. De temps à autre, les pommes des mâts du *Koonya* disparaissent dans le creux des vagues. Le fanal du remorqueur sur lequel nous gouvernons luit quelques secondes, puis disparaît derrière une muraille d'eau qui se dresse entre les deux bateaux. La hauteur des lames atteint pour le moins 12 à 13 mètres. Les journées suivantes, la tempête continue à faire rage. Les lames sont de plus en plus terribles; tout ce qui, sur le pont, n'a pas été déjà démoli est balayé. Nous perdons une partie du bastingage de tribord. A chaque instant la cuisine est envahie par l'eau et le fourneau éteint...

Le 12 janvier enfin, le calme est annoncé par une jolie brise d'est. Le lourd ciel gris tourne au bleu avec, çà et là, de légers cirrus. C'est la journée la plus agréable depuis le départ de Lyttelton, mais la température de l'air et celle de la mer ne sont pas précisément chaudes : + 1°,6 et + 2°,7. A la vue de ce clair soleil, quelques passagers, restés jusque-là tapis dans les logements, sortent de leurs repaires. En même temps, tout le monde profite de cette douce tiédeur pour faire sécher ses bagages, et bientôt couvertures, vêtements, pyjamas se balancent au vent sur les cartahuts. Seuls quelques vieux loups de mer n'ont rien à faire sécher, l'expérience leur ayant appris cette vérité indiscutable que moins on expose de choses à l'eau, moins on a ensuite d'effets « à mettre au sec ». C'est pour obéir à ce principe qu'Adams garde le pantalon de flanelle avec lequel il s'est embarqué à Lyttelton, le laissant sécher sur lui chaque fois qu'il est trempé. Il le conserva également au milieu de la banquise et pendant le déchargement.

Nous sommes maintenant sur le qui-vive, guettant la première apparition des icebergs et des glaces flottantes. J'ai donné une route aussi orientale que possible, espérant trouver de ce côté une mer relativement dégagée et pouvoir ainsi regagner en partie le temps que les tempêtes nous ont fait perdre. Une fois en vue

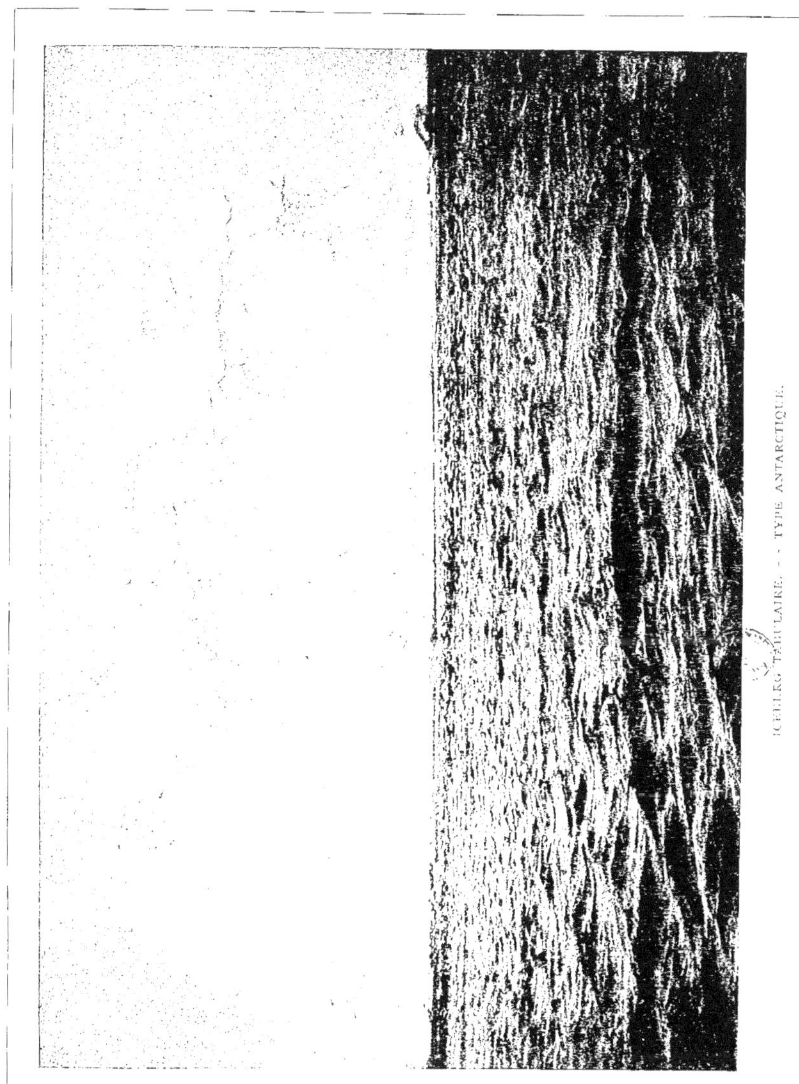

ICEBERG TABULAIRE. — TYPE ANTARCTIQUE.

du *pack*[1], le *Koonya* doit nous quitter et rapatrier en même temps Buckley. Ce brave garçon s'est fait aimer de tous à bord, du plus grand au plus petit ; avec cela il nous a été d'un grand secours en s'occupant des poneys.

Dans l'après-midi du 14, le premier iceberg est en vue. Nous le rangeons à une distance de 2 milles. Il a cette forme tabulaire et cette blancheur mate caractéristique des icebergs antarctiques. L'après-midi, rangé deux nouveaux icebergs suivis de leur cortège habituel de débris. En même temps, la couleur de la mer passe du bleu sombre au vert grisâtre. Les albatros ne sont plus aussi nombreux ; presque tous ceux qui nous suivent appartiennent à l'espèce noire. De temps à autre des pigeons du Cap et des pétrels de Wilson ainsi qu'un petit oiseau gris qu'on trouve généralement à l'approche de la glace et dont j'ignore le nom. Un autre indice de la proximité de la glace est la température de l'air. Le thermomètre marque 0°, et la mer est aussi froide que l'air. D'un moment à l'autre, la banquise va paraître.

Le lendemain matin, vers neuf heures, à travers une épaisse brume coupée de giboulées, des glaces flottantes apparaissent entre le sud-ouest et le sud-est. C'est l'avant-garde du pack. Après un voyage de 1510 milles, le moment est donc arrivé de nous séparer du *Koonya*. Jamais auparavant un navire n'en avait remorqué un autre en pleine mer sur une aussi longue distance. Dans cette traversée, le *Koonya* a battu encore un autre record, c'est le premier navire en fer qui ait passé le Cercle polaire antarctique.

A une heure moins un quart, la remorque est coupée. Désormais, nous voici réduits à nos seules forces sur le tempétueux océan Antarctique. Le *Koonya* vire, en passant devant nous, au milieu des acclamations des deux équipages, puis, mettant le cap au nord, il disparaît bientôt dans la brume neigeuse. Tout l'après-

---

1. Banquise. (*Note du traducteur.*)

midi est consacré à relever péniblement les 3o6 mètres de la remorque. Après quoi, nous piquons au sud, pour nous frayer un passage à travers la banquise qui défend l'approche de la mer de Ross.

Le 16 janvier, vers deux heures du matin, les icebergs deviennent plus nombreux. Une heure plus tard, nous entrons au milieu d'une assemblée d'icebergs tabulaires, de 25 à 45 mètres de haut. Pendant toute la matinée, nous naviguons dans les canaux d'une Venise en glace. La plume, comme la parole, est impuissante à décrire la féerie d'un pareil paysage. A perte de vue du haut du nid de corbeau, dans l'est, l'ouest et le sud, la mer est couverte d'énormes blocs blancs, séparés par des avenues d'eau d'un magnifique bleu foncé. Un calme étrange enveloppe cette ville blanche. Seuls de petits pétrels des neiges animent par moments cette solitude. Sous le choc de notre sillage, les icebergs, dérangés dans leur équilibre, laissent tomber d'énormes pans en bruyants éboulements.

D'un moment à l'autre, ce magnifique spectacle peut devenir très dangereux. Qu'une fraîche brise nous surprenne au milieu de cette réunion de blocs monstrueux, il ne sera pas facile d'échapper à leur étreinte. Déjà un nuage noir de mauvais augure apparaît dans le nord, et quelques flocons de neige annoncent la venue prochaine d'un vent de cette partie. Aussi grande est ma satisfaction lorsque, vers trois heures de l'après-midi, la mer devient libre devant nous. Encore quelques tours et détours à travers des canaux sinueux, et nous entrons dans la mer de Ross. Elle est débarrassée de glace ! Pour la première fois, un navire atteint cette mer, sans avoir été retenu plus ou moins longtemps par le pack.

Deux phoques furent signalés sur les trains de glaces rencontrés en avant. Je ne les vis pas moi-même; d'après la description qu'on m'en fit, l'un devait être un crabier, l'autre un phoque de Weddel. On observa également plusieurs pingouins d'Adélie. La singularité de leur démarche, non moins que leur curiosité, amuse beaucoup mes compagnons. La vue du navire éveille chez ces oiseaux le plus vif étonnement. Leur démarche solennelle, leur air d'importance, leurs conciliabules accompagnés de petits cris effarouchés, divertissent fort Marston. Avec la plus vive attention, notre peintre étudie leurs mouvements, si bien qu'il arriva par la suite à les imiter dans la perfection.

Dans la mer de Ross, les oiseaux deviennent plus abondants. Des vols épais de pétrels antarctiques tournent autour du navire. Ils sont si nombreux que, lorsqu'ils passent près du bord, nous entendons distinctement le bruissement de leurs ailes. Dans la soirée, nous rencontrons de nombreux *floebergs*[1] et des fragments de pack, et cela dure ainsi jusqu'au 23 janvier, où nous atteignons la Grande Barrière de glace.

La vue de cette prodigieuse falaise de glace arrache des cris d'étonnement et d'admiration à tous ceux des membres de l'Expédition qui ne l'avaient pas encore vue. Dans cette région, la hauteur de la Barrière au-dessus de la mer varie de 45 à 60 mètres. Vers une heure et demie, nous passons devant un canal ouvert dans le glacier vers le sud-est et long de 1400 mètres. Le cap qui limite son entrée à l'est, élevé de 70 mètres, a la forme de l'avant d'un gigantesque cuirassé; aussi lui donnons-nous le nom de *Dreadnought*.

Vu d'une certaine distance, le front de la Barrière semble rectiligne; de près, on reconnaît qu'il forme une série de promontoires dessinant une succession de baies. En certains endroits, des corniches de neige surplombent, tandis qu'ailleurs la falaise est fendue de crevasses verticales si larges que d'énormes ébou-

1. Gros et larges glaçons hérissés de monticules. *(Note du traducteur.)*

lements semblent sur le point de se produire. Les jeux de lumière et d'ombre produisent les plus singulières illusions d'optique. Ainsi deux monticules, élevés de 4 ou 5 mètres à l'entrée d'un goulet près duquel nous passons, prennent l'aspect de hautes collines.

Le 23, vers minuit, la Barrière s'abaisse brusquement. Nous sommes à l'entrée d'une large baie peu profonde. Autour du navire, de nombreuses baleines s'ébattent, tandis qu'une demi-douzaine de pingouins Empereur se tiennent sur le bord de la *bay-ice*. A ce lieu nous donnons le nom de baie des Baleines.

. Après avoir essayé de continuer à suivre de près la Barrière vers l'est, nous sommes contraints de venir dans le nord. En passant un chenal libre ouvert dans cette direction, puis en faisant route au sud, nous rejoignons le front du glacier, à deux heures du matin, le 24. Nous longeons ensuite la Barrière de nouveau vers l'est, l'œil toujours ouvert pour y découvrir l'*inlet*[1] que nous cherchons. L'automobile a été débarrassée de ses amarres et le palan gréé pour la débarquer à l'endroit où la *Discovery* a mouillé. Je me propose en effet de prendre nos quartiers d'hiver sur les rives de l'inlet de la Barrière.

Serrant de près la Barrière, à six heures du matin nous devons nous trouver à la hauteur de l'inlet, d'après la carte ; or, nous n'en voyons aucune trace. Ce goulet a donc disparu. C'est une grosse déception. En revanche, combien nous devons nous féliciter que le *velage*[2] ait eu lieu avant notre installation sur la Barrière. Il est, certes, fâcheux que la partie du glacier sur laquelle je voulais m'établir ait disparu, mais que serait-il advenu de nous si la Barrière s'était disloquée une fois que nous y eussions été installés ? A la suite de cette constatation, je renonce à l'idée

---

1. *Inlet*, canal, détroit, passe. *(Note du traducteur.)*
2. On donne le nom de *velage* à la rupture du front des glaciers baignés par la mer et à leur morcellement en glaces flottantes. *(Note du traducteur.)*

« PANCAKE ICE » DANS LA MER DE ROSS.

d'hiverner sur le glacier et prends la résolution de ne bâtir nos quartiers d'hiver que sur la terre ferme. J'ai deux cordes à mon arc et, tout de suite, je recours à la seconde ; en d'autres termes, je donne l'ordre de pousser vers la Terre du Roi Édouard VII.

Le 24 janvier, à 8 heures du matin, après avoir doublé un promontoire, nous voyons la Barrière reculer d'un demi-mille, puis continuer vers l'est. La falaise de glace forme là un angle droit, et, au sommet de cet angle droit, s'abaisse jusqu'au niveau de la mer. Malheureusement cette pente est trop abrupte et trop crevassée pour que l'on puisse la gravir.

Le navire est alors amarré à un large *floe*[1], tandis que je confère avec England sur la situation. Autour de nous, la glace est relativement rare ; mais, au large, il y a un pack très épais avec plusieurs grands icebergs. La seule route praticable vers l'est est un canal ouvert entre la Barrière et la lisière de ce pack, situé au nord du navire. Quatre observations de longitude nous placent bien à l'est de la position de l'inlet que nous cherchons, telle qu'elle est portée sur la carte ; elles montrent de plus que, depuis janvier 1902, le glacier a reculé. A neuf heures nous nous engageons dans le canal, en longeant à petite distance la Barrière. Bientôt il devient évident que nous n'irons pas loin dans cette direction. La ligne de côte formée par le glacier se relève vers le nord-est, et, par l'avant, on distingue un nouveau pack impénétrable toujours avec d'énormes icebergs. A dix heures du matin, arrivés près de cette banquise, nous découvrons qu'elle touche la Barrière. Le passage se trouve donc fermé vers l'est ; en même temps, le pack et les icebergs situés dans le nord commencent à venir sur nous.

Notre seule ressource est de battre en retraite et d'essayer une autre route le plus rapidement possible. Près du promontoire formé par la Barrière, le pack a déjà occupé les eaux qui étaient

1. Champ de glace. *(Note du traducteur.)*

libres à huit heures du matin ; en forçant la vapeur et en bousculant les glaces les moins serrées, nous réussissons à doubler ce cap à 11 h. 20 du matin. Entre la Barrière et la lisière de la banquise, le passage n'était plus que de 45 mètres ! Une fois sorti de cet étau, je respire librement. Nous suivons ensuite de près la falaise de glace, qui mesure ici une hauteur de plus de 75 mètres, et, vers trois heures, nous arrivons à l'entrée est de la baie des Baleines. A quatre heures moins dix du soir, nous sortons sans difficultés de la baie et poursuivons dans l'ouest, en ayant toujours au nord une épaisse masse de glace. Sur un iceberg que nous rangeons, sont posés des centaines de pétrels antarctiques et de pétrels des neiges, qui s'enfuient à notre approche.

Durant la nuit, le ciel s'est couvert au sud ; vers trois heures du matin, le 25, il s'éclaire, et la Barrière redevient visible. A mon vif désappointement, je reconnais alors que nous n'avons guère fait de progrès vers l'est ; à ce moment, nous nous trouvons encore par le travers de la baie des Baleines. A huit heures, la mer est complètement dégagée ; en fait, il n'y a plus de glace en vue dans l'est. La matinée est belle et ensoleillée, et la situation me paraît bonne, lorsque je descends de la passerelle pour prendre quelques heures de repos après toute une nuit de veille. Hélas ! quand je remonte sur le pont, un peu avant midi, tout espoir de trouver la route libre vers l'est s'est évanoui. A ce moment, nous nous trouvons très au nord de la Barrière et à l'ouest du point que nous avions atteint la veille, avant d'être forcés de faire demi-tour. D'heure en heure, les chances d'atteindre la Terre du Roi Édouard VII diminuent. A l'est et au sud du navire, s'étendent des packs serrés, formés de glaçons accidentés avec d'énormes icebergs. Il est évident que la mer, entre le cap Colbeck et la Barrière, sous la longitude à laquelle nous sommes, doit être pleine de glace. Dans le nord un *iceblink*[1] intense annonce également la présence d'abondantes masses de glace de ce côté. Dans ces conditions, il me paraît impossible de parvenir à la Terre du Roi Édouard VII, sur laquelle je m'étais proposé d'établir notre base d'opérations. D'autre part, notre provision de charbon est courte; le *Nimrod* fait de l'eau en abondance; enfin la saison avance. Comme avant le départ du navire, tous les approvisionnements doivent être débarqués et le baraquement construit; nous n'avons plus grand temps à perdre. Aussi bien la situation m'apparaît singulièrement grave. Je ne m'étais pas attendu à ce que l'inlet de la Barrière eût disparu ni à ce que la Terre du Roi Édouard VII fût bloquée. Ce dernier contretemps n'a d'ailleurs rien d'extraordinaire, car, jusqu'en 1901, sous cette longitude, toutes les expéditions ont été arrêtées par un pack. Précisément dans ces parages, pendant des centaines de milles, Ross a suivi le bord d'une banquise semblable à celle qui nous ferme la route. Nous avons, il est vrai, le secours de la vapeur ; mais le plus puissant brise-glace qui ait jamais été construit ne pourrait entamer ce solide rempart.

Je décide de consacrer encore vingt-quatre heures à la recherche d'un passage vers l'est. Pour cela, nous venons dans le nord, en longeant la glace d'aussi près que possible ; chaque fois qu'un canal s'ouvre dans la direction désirée, nous nous y engageons ; mais le plus souvent, après une courte navigation, nous aboutissons à un cul-de-sac, et force nous est de revenir en arrière. Sur ces entrefaites, un vent d'ouest s'élève, le ciel se couvre et, sur le bord des packs, la mer devient clapoteuse. Le baromètre baisse.

Vers 5 heures du soir, le 25 janvier, d'épaisses rafales de neige s'abattent sur nous ; à une distance de 100 mètres, on ne voit rien; dans ces conditions, le *Nimrod* ne marche plus qu'à vitesse réduite. Pendant les éclaircies entre les grains, on distingue de très nom-

1. Coloration blanche du ciel produite par la réverbération de la glace. *(Note du traducteur.)*

breux icebergs, très longs et peu élevés. L'un d'eux mesure 5 milles de bout en bout et s'élève seulement de 12 mètres au-dessus de l'eau. Le pack, situé dans l'ouest, arrive rapidement vers nous sous la poussée du vent. Sur plusieurs points, il est déjà tangent à la masse principale des glaces. Si nous sommes pincés dans cette banquise, de quelque temps nous ne pourrons nous dégager. Aussi je donne l'ordre de virer de bord pour sortir de cette dangereuse situation.

Dès lors, nous n'avons plus d'autre ressource que d'aller nous installer sur les rives du *sound*[1] Mac Murdo. Combien j'eusse préféré m'établir sur la Terre du Roi Édouard VII, qui, elle, est complètement inconnue. Quelques rochers et des croupes neigeuses, voilà tout ce que nous en avions vu lors de l'expédition de la *Discovery*. Si nous avions hiverné sur cette terre, nous aurions apporté une importante contribution aux connaissances géographiques de cette partie de l'Antarctique. Peut-être, il est vrai, aurait-elle été une base moins favorable pour entreprendre un raid vers le Pôle. Ce n'est qu'après une lutte énergique que je renonce à la Terre du Roi Édouard VII. La volonté la plus tenace se brise contre la puissance irrésistible des banquises. Une fois de plus mon programme se trouve modifié.

1. Bras de mer, détroit ou golfe entouré de terres. (*Note du traducteur.*)

CHAPITRE II

LES PREMIÈRES JOURNÉES
SUR LA TERRE ANTARCTIQUE

Notre installation a terre. || Débarquement du matériel et des provisions. Départ du *Nimrod*. || Coup d'œil sur les environs du campement. || Plan et disposition de notre baraquement. || Chambres et cabinets de travail. || Une pièce importante : le poêle. || Comment étaient aménagés nos traineaux. || Les tentes. || Le costume. || L'alimentation. || Dissertation sur les chiens et les poneys. || L'automobile nous cause des déceptions.

⚜ ⚜ ⚜

LA fin de janvier fut consacrée à chercher un endroit où nous puissions établir nos quartiers d'hiver. Le 2 février, en longeant la côte à bord du *Nimrod*, nous aperçûmes au fond d'une baie une longue pente de neige douce montant jusqu'aux rochers du cap Royds. C'est là que nous pensâmes pouvoir fixer notre choix. Un rapide examen du terrain nous montra que ce cap Royds constituait un excellent point de débarquement. Dès que le bateau fut amarré, je descendis à terre et trouvai un emplacement convenable pour notre habitation dans un vallon protégé par une colline contre les vents du sud et entouré d'affleurements rocheux. Le sol était relativement uni; l'espace apparaissait suffisant pour élever à côté de la maison les magasins et l'écurie. En faisant un tour dans l'intérieur des terres, nous apercevons des phoques s'ébattant sur la glace; nous aurions donc ici les moyens de nous ravitailler en viande fraîche. Un lac situé en avant du vallon nous assurait une facile et abondante alimentation en eau douce. Tout était donc pour le mieux dans le meilleur des mondes antarctiques. C'est ici que nous décidâmes de nous installer. Je donne l'ordre de se préparer au débarquement ; et dès lors commence une période de travail acharné, comme jamais ni mes camarades ni moi n'en avions encore fournie. Sans le dévoûment absolu et l'énergie inlassable de tous, jamais une pareille tâche n'aurait pu être accomplie. Jour et nuit, si l'on peut employer cette expression ici, à cette époque de l'année où le soleil demeure constamment sur l'horizon, mes collaborateurs sont toujours prêts à n'importe quelle besogne, et, dès qu'une difficulté se présente, tous unissent leurs efforts pour en triompher.

Le 3 février, l'auto est déposée sur la banquise, puis hissée au sommet de la pente de neige. Après cela viennent les chiens, le canot de sauvetage, que nous devons garder avec nous, puis les pièces principales de baraquement. Il importe, en effet, que nous ayons un abri avant le départ du navire. Enfin nous nous occupons de mettre les poneys à terre et nous y parvenons à l'aide d'un box hissé sur un mât de charge.

Pendant ce temps, un détachement travaille à l'édification de nos quartiers. Pour l'abriter, deux tentes sont dressées près du chantier avec le matériel de campement nécessaire. Sous un prélart tendu sur des avirons, la cuisine est installée; plus tard elle sera remplacée par une hutte de balles de foin. Nous mettons à terre, d'abord du fourrage, puis du pétrole et des approvisionnements destinés aux travailleurs, qui en peu de temps édifient nos baraquements.

Sur la partie de la banquise que nous avons à traverser pour atteindre le nouveau débarcadère, le transport des caisses est très pénible. Dans l'épaisse couche de neige qui la recouvre, les poneys qui, maintenant, nous aident, enfoncent jusqu'aux genoux, et les hommes pataugent profondément. Malgré cela, le travail est en bonne voie, lorsque soudain la situation devient grave. La crevasse de marée qui sépare la banquise de la terre ferme s'élargit progressivement, et l'*icefoot* sur lequel les approvisionnements sont déposés menace de se rompre et de s'en aller en dérive! Aussi accourons-nous et, déposant en lieu sûr tout ce qui se trouve sur cet icefoot, nous nous mettons en quête d'un nouveau débarcadère pour le reste de la cargaison. Précisément, un peu plus loin au nord, s'ouvre une petite anse dénommée la baie de Derrièrela-Porte, terminée par une pente de neige douce aboutissant à des rochers ; nous continuons là le débarquement.

Après deux heures d'un labeur acharné, les caisses contenant les instruments scientifiques et la plus grande partie de la provision de fourrage qui avait été débarquée sont aussi en sûreté. Juste au moment où le dernier ballot vient d'être déposé sur la terre ferme, un formidable craquement se fait entendre : le pan de l'icefoot sur lequel les bagages se trouvaient quelques heures auparavant s'écroule en mer! Sans l'effort que mes collaborateurs viennent de produire, un désastre irréparable eût frappé l'Expédition. Faute d'instruments, nous n'aurions pu faire aucun travail scientifique, et, les fourrages perdus, nous n'eussions pu garder les chevaux, qui nous ont permis de pousser notre longue randonnée vers le Pôle.

Nous redoublons d'activité pour achever d'amener sur la terre ferme les autres approvisionnements déposés un peu plus loin. Avec les traîneaux, nous charroyons au fond de la baie les caisses les plus lourdes et les barils d'huile. Nous faisons passer tous ces colis sur l'étroite banquette de glace collée contre le talus de la côte, trajet singulièrement difficile. Le 13 février, à 1 heure du matin, tout est sauvé, sauf 1000 kilos de farine. Les approvisionnements déjà débarqués sont très suffisants pour assurer notre subsistance pendant un an au moins, et, à la pointe de la Hutte, l'expédition de la *Discovery* a laissé une grande quantité de biscuits qu'en cas de besoin nous pourrions utiliser; aussi bien pour le moment nous contentons-nous de rouler les caisses de farine dans une grotte, au pied du rocher. Nous aviserions plus tard à faire mieux.

Du 13 au 21, le débarquement du charbon, ensuite une tempête terrible qui dura quatre jours, me retiennent enfermé à bord du *Nimrod*. Après la tempête, nous constatons que, en dépit de nos efforts pour nous maintenir en place, le courant nous fait dériver à 5o kilomètres dans le nord. Dès que la mer tombe, nous revenons dans le sud, et bientôt je débarque au cap Royds, très inquiet sur le sort de nos installations.

J'éprouve un véritable soulagement en voyant nos baraquements encore debout. Mais, au débarcadère principal, les effets du blizzard ont été terribles. Plus trace de nos colis. Tout d'abord nous croyons caisses, ballots et charbon simplement ensevelis sous des amas de neige. Toute différente est la situation. Sous la poussée de l'ouragan qui fouettait en plein cette partie de la côte, des nappes d'embrun ont été jetées à plus de 400 mètres dans l'intérieur et, en retombant, se sont congelées sur nos bagages.

Les approvisionnements se trouvent ainsi recouverts d'une carapace de glace, épaisse de 1 m. 5o à 1m. 8o. Peut-être, pour dégager le dépôt de cette gangue, des semaines de travail seront-elles nécessaires. Peut-être aussi l'eau salée a-t-elle détérioré les fourrages et le contenu des caisses, qui ne sont pas étanches. Notre charbon est également recouvert d'une couche de glace. Plus tard nous extrairons les approvisionnements de ce toit cristallin ; pour le moment, il importe avant tout de débarquer le reste de la provision de combustible, afin que le *Nimrod* puisse reprendre la mer vers la Nouvelle-Zélande. Grâce au dévouement de tous,

VUE DES QUARTIERS D'HIVER DU COTÉ DU NORD. A GAUCHE, LA CABANE DE JOYCE, FAITE DE CAISSES; A DROITE, ADOSSÉS A LA HUTTE, L'ÉCURIE ET LE GARAGE; A L'EXTRÉME DROITE LA BARRE D'ÉTIAGE POUR LA NEIGE. A UNE DES EXTRÉMITÉS DU TOIT, L'APPAREIL ENREGISTREUR DE L'ÉLECTRICITÉ ATMOSPHÉRIQUE. A 800 MÈTRES ENVIRON ON VOIT DE L'EAU LIBRE. CETTE NAPPE FUT ALTERNATIVEMENT LIBRE ET PRISE PENDANT L'HIVER.

cette opération est terminée le 22 février, vers dix heures du soir.
Notre stock de charbon, réduit par la consommation du *Nimrod*
pendant les allées et venues des dernières semaines, n'est que de
18 tonnes environ. La plus stricte économie sera donc nécessaire.

Au dernier canot nous confions nos lettres, et, à dix heures du
soir, nous voyons le *Nimrod* virer vers le nord. Poussé par un
bon vent, il s'éloigne rapidement... Les derniers liens qui nous
rattachent au monde civilisé se trouvent définitivement rompus.
Devant cette réalité, un instant nous nous sentons le cœur serré.
L'été prochain, nous recevrons des nouvelles ; mais jusque-là,
combien rude et périlleuse sera la tâche que nous nous sommes
imposée ! Mais nous n'avons pas de temps à perdre en vaines
réflexions.

Le navire parti, nous commençons à dégager nos approvisionnements de leur gangue de glace, puis nous les transportons près
de nos quartiers d'hiver. Il est nécessaire que nous ayons tout à
proximité pour pouvoir prendre ce dont nous aurons besoin ; de
plus, les caisses serviront à doubler les murs de l'habitation, afin de
nous protéger contre le vent et le froid. Une fois tout rangé, nous
commencerons les observations scientifiques, qui constituent une
partie importante de notre programme.

Le dégagement des colis exigea l'emploi du pic et de la barre.
Ce conglomérat de caisses et de glace ressemblait à un gâteau aux
amandes, et l'extraction des caisses présentait autant de difficultés
que si l'on eût voulu isoler les amandes de la pâte qui constitue
cette pièce de pâtisserie. Quatre jours d'un dur labeur y furent
nécessaires. Entre temps, nous abattîmes une centaine de pingouins.
Avec les moutons que nous ont donnés les fermiers de la Nouvelle-
Zélande, notre provision en viande fraîche pour l'hiver sera
suffisante. Finalement, le 28 février, l'organisation de nos quar-

tiers est en grande partie achevée, et nous pouvons commencer l'exploration de leurs environs immédiats.

De la porte de notre habitation ouverte vers le nord-ouest, on embrasse un superbe panorama sur le sound Mac Murdo et les chaînes de l'Ouest. Tout près, en face de soi, on découvre deux petits lacs, le lac du Poney, et, à gauche, le parc Vert. Avant la nuit hivernale, cette dernière nappe est le terrain favori des parties de hockey et de foot-ball et, pendant la période d'obscurité, le but de promenade des chevaux. A gauche de ce bassin, une pente douce conduit entre deux rochers à la baie du Cheval-Mort. De l'autre côté de ce vallon se trouve la « réserve » des pingouins. Tournant l'angle de la maison, on a l'Erebus juste devant soi. Si le sommet est éloigné de 24 kilomètres des quartiers d'hiver, les premières pentes commencent à 1 200 mètres de l'habitation. De l'est au sud-ouest par le sud, la vue est fermée par le relief terminant la vallée où est située la maison. De ces hauteurs, le regard embrasse au sud-est la baie terminée par le cap Berne. A droite se trouve la pointe du Mât-de-Pavillon et, à gauche, l'entrée de la baie et les pentes de l'Erebus. Autour de nous des nappes d'eau que nous baptisons le lac Clair, le lac Bleu, le lac Vert, en raison de leur couleur.

Ce panorama prenait des proportions grandioses à la lumière de la lune, pendant la nuit hivernale. Des ombres fantastiques faisaient alors paraître les montagnes plus hautes et les vallées plus profondes ; sous cet éclairage, la région revêtait un aspect enchanteur qu'elle était loin de posséder à la lumière du jour. D'autre part, au point de vue des recherches scientifiques, la région offre un très grand intérêt.

Dix jours après le débarquement, nous avions achevé le gros œuvre du baraquement, mais il nous fallut un mois de travail pour le rendre confortable et agréable. Nous y étions singulièrement à l'étroit ; l'inconvénient était compensé par cet important avantage qu'une petite maison est plus chaude qu'une grande. Au point de vue de la défense contre le froid, la partie faible de l'habitation était le plancher formé de minces lattes, d'autant que, dans l'angle nord-ouest, il se trouvait surélevé de 1 m. 20 au-dessus de ce sol. Pour empêcher le vent de pénétrer par ce vide dans notre abri, le long des faces sud-est et sud, particulièrement exposées aux tempêtes, un mur fut élevé avec les caisses de provisions.

De chaque côté de la porte, deux constructions sont ensuite édifiées ; l'une, faite de boîtes de biscuit, est un magasin pour Wild, le commissaire aux vivres ; l'autre, destinée tout d'abord à servir de cabinet de physique et de chimie, devint tout simplement une resserre. Cette dernière pièce présente, en effet, le très grave inconvénient d'être aussi froide que le dehors. Par suite, chaque fois que l'on ouvre la porte de l'habitation, un courant d'air chaud pénètre dans le laboratoire, et, quelques instants après, tous les objets qu'il contient sont recouverts de magnifiques cristaux de glace engendrés par la condensation de l'humidité que renferme cet air chaud.

Le long de la muraille, à l'abri du vent, nous installons l'écurie. Nos poneys ayant souffert du blizzard, un abri fut construit pour eux au moyen de caisses et de balles de fourrage, le tout recouvert d'un prélart. Dès que la brise se leva un peu fraîche, le toit de l'écurie fut menacé. Pour assurer sa stabilité, l'on plaça dessus tous les traîneaux dont nous ne nous servirons pas, et on les amarra solidement ensemble par un câble tendu d'un bout à l'autre de la baraque. Une fois le toit recouvert de neige, tout danger de le voir s'envoler disparut.

Plus tard de nouvelles constructions furent ajoutées, tels des chenils et un abri entièrement formé de caisses et toituré de hamacs cousus ensemble, destiné à servir de dépôt pour les outils, d'atelier de bottier et en même temps de magasin. Le premier violent blizzard balaya cette hutte comme un château de cartes ; la toiture fut enlevée et les murs enfoncés. Une fois le beau temps revenu, une expédition dut être organisée pour aller à la recherche de tous les objets que le vent avait emportés. Une botte en feutre pesant plus de 1400 grammes fut retrouvée à 1200 mètres de la caisse dans laquelle elle était enfermée. Cette distance, elle l'avait parcourue, emportée par la tempête à travers l'espace, comme l'indiquait l'absence d'écorchures sur le cuir.

L'observatoire météorologique fut placé au vent de la maison, à 6 mètres au-dessus d'elle et à 12 mètres au-dessus de la mer. Les fondations de l'abri thermométrique consistaient en une lourde caisse de bois coincée dans le roc, aux trois quarts remplie de blocs et entourée de pierres et de sable, que l'on aggloméra en y versant de l'eau. De chaque côté de cette caisse furent fixés les montants de la cage au moyen d'écrous. Les observations avaient lieu jour et nuit, toutes les deux heures et par tous les temps. Entre la cabane et l'abri, une corde fut tendue sur des piquets cimentés au sol au moyen de glace. Grâce à ce fil d'Ariane, par la brume la plus épaisse comme par le chasse-neige le plus dense, l'observateur était assuré de trouver son chemin.

L'aménagement de l'habitation fut mené rondement, et notre intérieur n'eut bientôt plus l'aspect fruste des premiers jours. Mon premier soin est de réserver à chacun son petit coin particulier, dans lequel il sera chez lui. Pour cela, la baraque est divisée en compartiments longs de 2 m. 05 et profonds de 2 m. 10. Sept seront occupés par deux habitants ; un huitième, plus petit, me sera réservé. Une chambre noire est installée dans le coin gauche, derrière un mur de caisses de fruits en bouteilles. Ces caisses, une fois vides, serviront d'armoires pour le matériel de réserve ;

LE LABORATOIRE. BOCAUX RECOUVERTS DE PRODUITS DE CONDENSATION.

les « cabines » se trouveront désencombrées d'autant. Mawson y installe des planches, des tablettes, etc.

En face du laboratoire photographique, de l'autre côté de la porte d'entrée, se trouve ma chambre, large de 1 m. 80, longue et haute de 2 m. 10, tapissée intérieurement de toile à voile. Elle contient une grande partie de la bibliothèque, les chronomètres, les compteurs, le barographe et le thermomètre enregistreur, avec un lit et une table ; elle est très confortable, et je m'y trouve fort bien. Au-dessus de moi sont placés ceux des instruments scientifiques qui sont inutiles pour le moment, tels que les théodolites, thermomètres de réserve, cercles d'inclinaison, etc. Sur le plafond de la chambre noire sont entassés le matériel photographique et la provision de vin.

Les cabines sont séparées par des toiles à voile fixées à des câbles tendus en travers de l'habitation et fermées par des portières. Grâce à cet aménagement, les membres de notre petite communauté peuvent s'isoler chez eux. Chaque cabine a son cachet particulier ; celle d'Adams et de Marshall, la plus rapprochée de la mienne, est remarquablement installée. Des étagères, garnies de petits rideaux de gaze que soutiennent des faveurs bleues, supportent des livres, dont les titres renseignent tout de suite sur les goûts littéraires de ses habitants : du côté d'Adams, des ouvrages sur la Révolution française et la période napoléonienne et une édition complète de Dickens. Sur les rayons de Marshall, des ouvrages de thérapeutique et quelques livres de littérature générale voisinent avec des flacons de médecine. La porte est décorée de portraits en grandeur naturelle de Napoléon et de Jeanne d'Arc, œuvre de Marston. Grâce à leur ingéniosité, Adams et Marshall possèdent les lits les plus confortables de la maison. Cette cabine sert de dispensaire et de salle d'opérations.

La chambre suivante, du même côté, est occupée par Marston

et Day. Son ornementation décèle l'habileté manuelle de l'un et le goût artistique de l'autre. Les étagères sont ornées de moulures et les boiseries peintes en brun. Elle est garnie de solides lits en bois, faits de vieilles caisses d'emballage, avec une literie composée de paillasses pleines de copeaux. Sur la portière, Marston a peint une cheminée remplie par une grille allumée et surmontée d'un bouquet de fleurs! Dans cette chambre, on installa la presse lithographique.

Le compartiment occupé par Armytage et Brocklehurst ne brille ni par le confort ni par l'ornementation. Passons! Après lui vient l'office, qui en est séparé par un mur de caisses. Office, boulangerie et magasins ont en tout 1 m. 80 sur o m. 90. Au delà on rencontre le laboratoire de biologie, mesurant 1 m. 20 carré, tout garni de rayons chargés de bocaux.

De l'autre côté du poêle, face à l'office, s'ouvre la cabine de Mackay et de Roberts. Sa caractéristique est une planche pesante qui supporte surtout des chaussons et autres articles légers ; le seul objet un peu lourd que l'on y rencontre est le graphophone et ses rouleaux. Entre cette cabine et la suivante occupée par Priestley et Murray n'existe aucune séparation, leurs habitants préférant le communisme. Le résultat, c'est que les discussions sont continuelles à propos de prétendus empiétements. Dans le domaine de Priestley sont partout entassés des échantillons de roche, des haches à glace, des marteaux, des ciseaux et, dans celui de Murray, l'outillage du parfait zoologiste.

La chambre suivante est habitée par Joyce et Wild ; elle est remarquable par l'élégante ébénisterie des couchettes. La presse à imprimer et la boîte à caractères pour le journal polaire en occupèrent un coin. La dernière pièce abrite le professeur David et Mawson. Le plus pittoresque désordre que l'on puisse imaginer y règne : les lits sont couverts d'appareils photographiques, de thermomètres, de microscopes, d'électromètres et autres instruments du même genre. Quel déménagement à faire pour s'y coucher !

La table de la maison, œuvre de Murray, est faite de couvercles de caisses d'emballage reposant sur des tréteaux. Pour dégager le centre de l'habitation, à la fin de chaque repas, elle est hissée au plafond. L'espace ainsi rendu libre est occupé par les divers corps de métier, toujours très affairés.

Le poêle, la pièce la plus importante du mobilier, après m'avoir d'abord fait passer de mauvais quarts d'heure par maladresse d'installation, fonctionna ensuite admirablement. Pendant plus de neuf mois il brûla jour et nuit, sans autre arrêt que des interruptions de dix minutes pour le nettoyer. Cet appareil maintint dans l'intérieur une température supérieure de $+ 15°$ à $+ 21°$ à celle régnant à l'extérieur. Les fours qu'il renferme permettent de cuire le pain nécessaire à notre consommation journalière et de préparer nos trois repas quotidiens. Enfin, sur le fourneau, on fait fondre les blocs de glace qui possèdent une température d'environ — $28°$, pour nous procurer l'eau nécessaire à notre consommation et à celle des poneys. Tout cela est obtenu avec une dépense de 250 kilos par semaine.

Une fois installés, nous songeâmes à parer les traîneaux. Le modèle dont nous nous sommes servis est le résultat de nombreux et longs perfectionnements. Un bon traîneau doit posséder deux qualités qui semblent incompatibles : il doit avoir des montants et des traverses très rigides et en même temps être suffisamment souple pour pouvoir épouser toutes les inégalités du sol. Atteindre cette souplesse sans nuire à la solidité, c'est le point délicat de la construction. A cet égard, les nôtres nous donnèrent toute satisfaction ; les patins, larges de 0 m. 10, étaient en noyer d'Amérique, fendu dans le sens du bois et non pas scié. Ce procédé de fabrication permet d'obtenir une grande flexibilité. Le châssis doit être peu élevé au-dessus de la neige afin de diminuer les chances de chavirement sur les terrains accidentés. Une hauteur de o m. 15 suffit généralement. Les montants ne traversent pas les patins ; ils sont simplement coincés dans des trous ménagés à leur partie supérieure et assujettis par des lanières passant dans des œillères. Les entretoises sont fixées au moyen de merlins et de courroies et liées aux montants par de petites pièces en fer, les seules parties absolument rigides des appareils. Si le constructeur a été habile et si les procédés employés pour assembler les diverses parties sont bons, après le passage d'un obstacle, le traîneau doit reprendre sa forme normale.

Nos montants portaient deux longerons ayant une section d'environ 6 centimètres carrés ; ils étaient reliés entre eux par des barres transversales solidement fixées au moyen de courroies, le tout constituant la plate-forme destinée à porter les bagages. L'avant était formé par une pièce de bois recourbée et dont les extrémités étaient reliées à celles des patins et aux montants de la partie antérieure. Cette disposition permet d'attaquer les accidents de terrain et empêche l'avant du traîneau d'enfoncer dans la neige. Aux deux extrémités du traîneau, est fixé un anneau formé par la réunion de deux cordes solidement attachées autour des premiers montants, et dans lequel passe le trait principal. Quand les traîneaux avancent en file indienne, le halage est singulièrement plus facile si les véhicules emboîtent la trace de celui qui marche en tête.

Avec une charge de 3oo kilos, un traîneau de 3 m. 3o donne le maximum de rendement comme vitesse et comme facilité de halage. Pendant la période du débarquement, les nôtres ont porté sans dommage jusqu'à 45o kilos. A la suite de ma première campagne dans l'Antarctique, les patins en métal m'avaient paru

LA CABINE DU PROFESSEUR DAVID ET DE MAWSON OU « LE BRIC-A-BRAC ».

LA BOITE DE CARACTÈRES ET LA PRESSE AYANT SERVI A L'IMPRESSION DE « L'AURORE AUSTRALE »
DANS LA CABINE DE JOYCE ET DE WILD, CONNUE SOUS LE NOM DE « THE ROGUES' RETRACT ».

complètement inutiles; aussi, cette fois-ci, je n'emportai que quelques minces plaques d'acier, destinées à être mises en place dans la traversée des zones dépouillées de neige ou des surfaces de glace rugueuse.

Le fourneau et son bouilleur constituent, après les traîneaux, un article d'équipement d'une importance vitale. C'est à la merveilleuse ingéniosité de Nansen que l'on doit l'excellent fourneau à essence connu sous le nom de Primus et qui est aujourd'hui adopté par tous les explorateurs polaires. Son rendement est très élevé, si bien que, en procédant avec économie, 4 lit. 5 d'essence suffisent pour chauffer les trois repas quotidiens de trois hommes pendant dix jours. Ce résultat provient en grande partie de la disposition judicieuse du bouilleur. Il se compose d'un récipient en aluminium, tout d'une pièce, dans lequel s'en trouve un second de forme annulaire, pour permettre à l'air chaud de circuler autour. A l'intérieur de ce second récipient est située la marmite centrale, destinée aux aliments. Ces trois pièces se placent sur un plateau concave en aluminium au-dessus de la lampe. Avec cet appareil, environ 92 p. 100 de la chaleur fournie par le foyer se trouvent utilisés. Fourneau et récipient ne pèsent pas plus de 6 kil. 75. En route, on range dans le bouilleur la vaisselle, consistant en gamelles et en cuillers. Chacun de nous avait deux gamelles en aluminium, qui s'emboîtaient l'une dans l'autre, l'une destinée au thé ou au cacao et à cet effet munie d'anses, l'autre aux aliments épais. En expédition, il est inutile de laver la vaisselle, car, avec des appétits voraces, les cuillers sont soigneusement léchées et les gamelles raclées à fond.

Passons aux tentes : les escouades d'exploration étant généralement fortes de trois hommes, elles sont établies pour loger cet effectif. En coton fin, avec une bordure inférieure d'un tissu plus épais sur laquelle on entasse de la neige pour assurer la fermeture de l'abri au niveau du sol, elles sont dressées sur cinq montants en bambou longs de 2 m. 55, réunis au sommet par une chape. La porte, que l'on prend soin de tourner toujours contre le vent, est fermée par une manche en tissu Burberry avec une fermeture intérieure. Afin que les sacs de couchage ne soient pas en contact direct avec la neige, un plancher en toile imperméable Willesden recouvre le sol. Ces tentes, très solides, résistèrent aux plus violents blizzards et n'éprouvèrent jamais aucune avarie.

Contrairement à l'opinion générale, dans les régions polaires, les fourrures ne sont pas du tout nécessaires, sauf pour les chaussures, les gants et les sacs de couchage. Nos sacs étaient en peau de jeune renne, la meilleure pelleterie pour cet usage en raison de sa toison courte et épaisse. Le terme « sac » est très exact. C'est, en effet, un sac profond dans lequel on s'introduit par une ouverture ménagée à l'extrémité supérieure et que l'on ferme par-dessus soi au moyen d'une langue assujettie par une courroie.

Le costume généralement adopté pour les excursions consistait en épais vêtements Jaeger, un pantalon de gros drap pilote, une veste pyjama Jaeger, le tout recouvert par un bourgeron et un pantalon en Burberry. Nous portions, par-dessus des gants de laine, des moufles en fourrure et, aux pieds, des mocassins lapons renfermant plusieurs paires d'épais chaussons en laine. Quoique très léger, le tissu Burberry ne laisse passer ni le froid ni le vent; de plus, sur toutes les autres étoffes, il a l'avantage d'arrêter complètement la poussière de neige que les blizzards chassent devant eux.

Les avis sont très partagés concernant le meilleur modèle de coiffure. Le plus fréquemment, on porte une casquette de voyage munie d'un passe-montagne et complétée par un cache-nez très épais et très haut, afin de protéger le menton et les oreilles. Par les temps de blizzard, on enlevait le cache-nez ; on le remplaçait par un second bonnet en Burberry, garni d'un rabat que l'on boutonnait sur ses vêtements. La coiffure et les moufles en fourrure étaient solidement fixées à une bande enroulée autour du cou pour permettre de les quitter momentanément sans craindre de les perdre. Ainsi équipé, on peut braver le froid dans les circonstances ordinaires. Mais, si la température est très basse ou s'il souffle une brise assez fraîche, les explorateurs doivent sans cesse surveiller mutuellement leur figure pour pouvoir découvrir les premiers symptômes de congélation. En pareil cas, dès qu'une plaque blanche apparaît sur le visage de son voisin, une action énergique et rapide s'impose.

De l'outillage passons à l'alimentation. Après une marche de cinq heures par une basse température, vous avez un appétit dont le commun des mortels ne peut se rendre compte. A cet égard, l'explorateur a lui-même des surprises : après avoir fini sa ration, il se sent aussi affamé que s'il n'avait rien mangé. Pour le choix des approvisionnements destinés aux escouades d'exploration, je me suis attaché à ne prendre que des denrées renfermant le maximum de principes nutritifs. En expédition, la cuisine n'est pas précisément variée, mais un appétit vorace n'y regarde pas de si près. En pareille circonstance, ce que l'on désire avant tout, c'est la quantité ; or c'est justement ce que l'on ne peut emporter, si l'on veut aller loin. Le repas terminé, ou une heure après au plus, vous vous sentez aussi affamé qu'auparavant ; vous avez en revanche la maigre consolation de savoir que les aliments absorbés contiennent en quantité suffisante les principes nutritifs nécessaires.

En exploration, nos menus comprenaient principalement du pemmican. Nos biscuits étaient plus épais que le modèle habituel et additionnés de 24 p. 100 de *plasmon*, préparation lactée qui les rendait plus nourrissants et en même temps moins cassants que les biscuits ordinaires. Dans notre ration quotidienne, le biscuit entrait réglementairement pour 450 grammes ; mais, pendant les expéditions vers l'Extrême-Sud et vers le pôle magnétique, cette quantité fut singulièrement réduite, une fois que les vivres commencèrent à manquer. En route, nous prenions du thé aux deux déjeuners et du cacao au dîner. Le sucre étant un aliment hydrocarboné de premier ordre, la ration en comprenait 150 grammes par homme. Nous emportâmes également du chocolat, du fromage et de la farine d'avoine. Aux quartiers d'hiver, notre ordinaire était naturellement plus varié qu'en excursion.

L'équipage de la *Discovery* disposait d'excellents traîneaux et de tout l'outillage nécessaire ; mais, comme moyen de traction, il n'avait que vingt chiens et, sur la Barrière, ces animaux ne rendirent pas du tout les services qu'on attendait d'eux. C'est pourquoi j'eus l'idée d'employer des poneys de Sibérie ou de Mandchourie comme bêtes de trait. Sur une piste difficile, m'assurait-on, un poney de Mandchourie tire une charge de 550 kilos, à raison de 35 à 45 kilomètres par jour. C'était un gros risque que d'amener des poneys de l'Extrême-Nord dans la zone tropicale et ensuite de leur faire accomplir une traversée de plus de 3 700 kilomètres sur une mer tempétueuse à bord d'un très petit bateau. Une telle entreprise était certes très hasardeuse, mais valait d'être essayée, car, comparé au chien, le poney donne un rendement de beaucoup supérieur.

Un mois après notre débarquement au cap Royds, nous eûmes le malheur de perdre quatre de ces poneys. Trois d'entre eux moururent d'avoir absorbé du sable sur la plage où nous les avions mis au piquet dès notre arrivée. J'avais oublié de leur donner du sel ; or le sable volcanique qu'ils piétinaient ayant une saveur salée due aux embruns, ils en avalèrent à diverses

LES APPROVISIONNEMENTS SONT DÉGAGÉS DE LA COUCHE DE GLACE QUI LES A RECOUVERTS
DURANT UN BLIZZARD.

reprises. Tous en mangèrent ; quelques-uns, en ayant sans doute absorbé plus que les autres, tombèrent malades. Nous ne savions à quelle cause attribuer leur dépérissement, jusqu'à ce qu'une autopsie eût été pratiquée. L'estomac de *Sandy*, le premier cheval qui mourut, renfermait plusieurs livres de sable ! Dès lors, les survivants furent attachés sur un autre terrain, et les soins les plus attentifs furent prodigués aux deux malades, mais sans pouvoir empêcher un dénoûment fatal. Le quatrième poney que nous perdîmes fut victime de la voracité naturelle à ces animaux ; ayant découvert des copeaux qui avaient servi à l'emballage de produits chimiques, il les dévora et fut empoisonné, comme le révéla l'autopsie.

La disparition d'une partie de notre cavalerie était une lourde perte. Nous ne possédions plus que quatre poneys, *Quan*, *Socks*, *Grisi* et *Chinaman*. Nous veillâmes sur eux avec la plus grande attention. Tous les jours nous les menions à la promenade ; au début de l'hivernage, nous allions sur les collines voisines de la station ; la plage de sable où ils aimaient à se rouler était aussi fréquemment le but de nos sorties ; le retour s'opérait par le lac Bleu et par la baie de Derrière-la-Porte. Quelquefois, pour changer, on gravissait les premières pentes neigeuses de l'Erebus. Plus tard, lorsque l'absence de lumière interdit d'aventurer les chevaux sur des terrains accidentés, nous leur fîmes prendre de l'exercice de long en large sur le lac voisin du baraquement.

Pendant ces promenades, les conducteurs apprirent à connaître le caractère de leurs élèves. Ces poneys, en général plus rusés et plus intelligents que les chevaux ordinaires, mettaient tout en œuvre pour arriver à leurs fins. *Quan* était le plus enragé de la bande. Son plaisir favori était de ronger sa longe et de s'attaquer aux balles de fourrage entassées derrière lui ; nous remplaçâmes sa longe par une chaîne ; mais alors il se plut à l'agiter contre le mur de la maison, comme s'il eût pris plaisir à troubler notre sommeil. Nous l'attachâmes dans l'écurie à un câble en fil de fer ; il le tendait en arrière le plus possible, puis le lâchait brusquement ; le choc du câble contre les plaques de tôle qui recouvraient le mur de la maison devant lequel les stalles étaient placées produisait un vacarme épouvantable. On lui enferma la tête dans une musette ; quelques heures après, le poney l'avait trouée et recommençait de plus belle son manège. Quand vous arriviez à l'écurie pour arrêter le cours de ses exploits, immédiatement votre colère tombait devant l'air intelligent du délinquant ; il vous regardait fixement d'un air souriant, en ayant l'air de vous dire : « Eh bien, je vous ai joué un tour ! » Pour obtenir le calme, notre seule ressource fut d'entraver *Quan* avec une chaîne.

Gris pommelé, *Grisi* était le plus beau de tous et celui qui se présentait le mieux. Très méchant à l'égard de ses camarades, il dut être installé dans un box particulier ; avec cela, il ruait dès qu'on l'approchait. *Grisi* devint encore plus nerveux pendant la nuit hivernale, bien que l'écurie fût constamment éclairée par une lampe. *Socks* était également une jolie petite bête, en même temps très dure à l'ouvrage. Quant à *Chinaman*, il avait pour caractéristique principale un air désagréable et maussade.

D'après ce que m'avaient dit des Sibériens, je pensais que les poneys pourraient passer l'hiver sans abri. Après le premier blizzard, je dus renoncer à cette idée et entreprendre tout de suite la construction d'une écurie. Toutes les deux heures, le veilleur de nuit passait l'inspection du quartier de cavalerie ; si, dans l'intervalle, il entendait des bruits suspects, immédiatement il devait aller voir ce qu'il y avait. Quelques mois plus tard, ces précautions devinrent superflues. Nos jeunes chiens s'étant installés dans l'écurie, dès qu'un poney s'échappait, immédiatement ils aboyaient furieusement et donnaient l'alarme.

AU CŒUR DE L'ANTARCTIQUE.

Nos neuf chiens, cinq femelles et quatre mâles, furent très prolifiques. Avant le milieu de l'hiver, leur nombre s'était déjà augmenté de neuf unités ; plusieurs autres naissances eurent lieu, malheureusement suivies de décès. Aucun des chiens nés aux quartiers d'hiver n'atteignit la taille de ceux qui naquirent à bord, pendant la traversée de la Nouvelle-Zélande à la Terre Victoria. Faut-il voir dans ce fait une influence climatique ou un caractère atavique ? Je ne puis me prononcer.

Les chiens adultes étaient toujours tenus à l'attache pour les empêcher de chasser les pingouins et les phoques et, en second lieu, pour éviter les batailles. Ils animaient les quartiers d'hiver et, par leurs ébats, égayaient les promenades. D'autre part, les soins que réclamaient les jeunes constituaient un passe-temps, et l'observation de leurs caractères nous amusait. Un de ces animaux aimait la société et la chaleur du poêle ; aussi guettait-il toujours la porte de l'habitation et, dès qu'il la trouvait ouverte, immédiatement il se précipitait à l'intérieur. Un autre avait coutume de suivre Priestley, quand il allait creuser des trous à travers la glace. Pendant la durée de l'opération, la bête restait couchée près de l'orifice. En récompense, elle recevait généralement un biscuit quand notre camarade prenait son lunch en plein air.

Les jeunes chiens montaient une garde vigilante, non seulement autour des poneys, mais encore de leurs congénères adultes. Dès qu'un chien à l'attache s'échappait, immédiatement toute la bande folâtre le poursuivait et, par ses jappements, nous donnait l'éveil. Une fois que les plus âgés des jeunes furent enchaînés à leur tour, les plus petits les surveillèrent avec la même attention. Après des mois de liberté, ce fut un coup terrible pour cette troupe joyeuse lorsqu'elle perdit la liberté. Les premières séances de dressage au traîneau furent singulièrement laborieuses. Les bêtes se couchaient et refusaient d'avancer. A force de patience, nous pûmes cependant les habituer à tirer et les employer ensuite autour des quartiers d'hiver.

J'étais revenu de l'expédition de la *Discovery* très prévenu à l'égard des chiens comme bêtes de trait. Aussi n'en avais-je emmené que pour le cas où les poneys nous manqueraient. Ne possédant plus que quatre chevaux, je dus envisager l'éventualité d'employer la meute sur la Grande Barrière, et je puis dire que ces braves bêtes nous réservèrent une surprise agréable.

Quant à l'automobile, nous fîmes avec elle plusieurs essais sur la côte, par une température de — 23°. Le moteur fut toujours mis en marche très facilement; en revanche, les roues motrices nous donnèrent de gros ennuis. En outre, en raison de son poids, la voiture n'avançait point sur la neige; les lourdes roues d'arrière enfonçaient et tournaient ensuite dans le trou qu'elles s'étaient creusé. Sur le sol dépouillé de neige, la voiture marchait parfaitement, même lorsque la pente devenait très raide; aussi fut-il décidé qu'on modifierait ultérieurement les roues. Si seulement la voiture avait pu marcher sur la Barrière, toutes les difficultés de mon entreprise eussent été écartées, car on eût pu effectuer des étapes de 160 kilomètres.

CHAPITRE III

LA CONQUÊTE DE L'EREBUS

❀ ❀ ❀

Jusqu'au 3 mars 1908, nous sommes occupés par l'achèvement de notre installation, la construction de l'écurie et de l'observatoire météorologique, enfin par le rassemblement des approvisionnements dispersés le long de la côte. Ces travaux terminés, nous pouvons tourner notre activité vers l'exploration de la région environnante.

Je me propose d'établir dans le sud un dépôt de vivres en vue de l'expédition projetée l'été prochain vers le Pôle; mais actuellement la nappe d'eau libre qui nous sépare de la pointe de la Hutte interdit toute excursion dans cette direction. Pour la même raison, nous ne pouvons nous diriger vers les chaînes de l'Ouest, dont l'exploration géologique sera certainement féconde. Une seule entreprise s'offre à notre activité, très difficile il est vrai, mais par cela même singulièrement attrayante, c'est l'ascension du mont Erebus. A plusieurs points de vue, cette expédition présente un grand intérêt. D'abord elle permettra de faire des observations sur la température de l'air et la direction des courants aériens au sommet de la montagne, qui seront très importantes pour la connaissance encore si incomplète des mouvements de la haute atmosphère. En second lieu, elle fournira aux géologues une abondante moisson de faits et d'échantillons. Enfin, outre ces raisons, l'ascension d'une montagne de 4000 mètres, située à pareille latitude, est une excursion peu banale.

Après mûre réflexion, je choisis le professeur David, Mawson et Mackay pour cette mission. Une escouade de soutien, composée d'Adams, de Marshall et de Brocklehurst, les suivra aussi loin que possible. Adams aura la direction des deux groupes jusqu'au moment où il jugera devoir battre en retraite ; le professeur David prendra alors le commandement des ascensionnistes. Bien qu'Adams et ses compagnons eussent un équipement moins complet que leurs camarades et qu'ils ne fussent approvisionnés que pour six jours, ils poussèrent jusqu'au sommet de la montagne. Je leur en avais d'ailleurs donné l'autorisation, s'ils jugeaient la chose possible. Une fois l'expédition décidée, une activité fiévreuse règne dans la cabane. Les uns fabriquent des crampons à glace, les autres manutentionnent des vivres ; d'autres préparent le matériel de campement, les piolets, ou cousent aux sacs de couchage des courroies pour les transformer en havresacs, lorsque la pente du terrain interdira l'emploi des traîneaux. Grâce au concours de tous, le 5 mars, à huit heures trente du matin, la caravane est prête à partir.

A leur retour, Adams et le professeur David me remirent un rapport complet, à l'aide duquel je vais présenter une relation de cette expédition, la première de notre campagne antarctique.

Le mont Erebus porte un nom fameux dans l'histoire de l'exploration polaire. Il lui fut donné le 28 janvier 1841, par Sir James Clark Ross, pour rappeler le souvenir du navire qu'il montait.

Plus tard dans l'Arctique, avec Sir John Franklin, l'*Erebus* et sa conserve la *Terror* acquirent une lugubre renommée. Se dressant sur le front de la Grande Barrière de Glace, à 4 000 mètres environ à pic au-dessus de la mer, l'Erebus est une cime grandiose. A son sommet, une immense dépression dessine l'emplacement de l'ancien cratère sur le flanc duquel s'élève le cône actuellement en activité. Dans n'importe quelle partie du globe, l'ascension d'un pic de cette hauteur serait difficile et nécessiterait le concours de guides expérimentés. Combien plus laborieuse sera l'escalade d'une telle montagne soumise à un climat extrêmement rigoureux, en raison de sa proximité d'un pôle.

De nos quartiers d'hiver, on distingue sur les flancs de l'Erebus les vestiges de trois cratères. Du niveau de la mer jusqu'à la cote 1 650 environ, le volcan s'élève en pentes douces; puis la déclivité augmente régulièrement vers la base du premier cratère. Ces pentes sont presque entièrement recouvertes de neige et de nappes de glace, lesquelles tantôt se terminent par des escarpements, tantôt se prolongent en mer, comme c'est le cas pour la Langue du Glacier, qui s'étend au large sur une longueur de 5 milles. Près du cap Royds, et jusqu'à une altitude de 300 mètres, s'observent de longues levées d'alluvions glaciaires et d'anciennes moraines, la plupart dépouillées de neige. Ces dépôts sont entremêlés de blocs volcaniques noirs. Au-dessus, jusqu'à la cote de 1 500 mètres environ, les versants de la montagne sont tapissés de glace et de neige; çà et là seulement émerge un fragment de courant de lave sombre, ou un cône parasite noir, dont la silhouette se détache en vigueur sur le fond blanc du sol ou sur le ciel. A l'altitude de 1 800 mètres environ, un énorme escarpement de roc marque l'emplacement du cratère le plus ancien et le plus bas. Immédiatement au-dessus, le cône principal s'élève en dessinant sur le ciel la courbe élégante, d'abord concave, puis convexe, caractéristique des volcans. Ces pentes accidentées de massifs de roche séparés par des champs de neige très inclinés conduisent au second cratère ou *caldeira* situé à la cote 3 420. Ce deuxième cratère est dominé à son tour, dans sa partie méridionale, par un troisième, toujours surmonté d'un énorme panache de fumerolles.

A l'époque de l'expédition de Ross, ce nuage rougeoyait de la réverbération de laves en fusion, et des courants de lave auraient coulé sur les flancs du cône, d'après la description laissée par ce célèbre explorateur. Lors du voyage de la *Discovery*, une ou deux fois seulement l'hiver, des lueurs furent aperçues au sommet de l'Erebus. Peut-être ces manifestations ont-elles été plus fréquentes et peut-être ont-elles échappé plusieurs fois à notre attention! Cela est d'autant plus possible que notre mouillage était distant de 28 milles du cratère et que, pour apercevoir la montagne que nous cachaient des avant-monts, nous devions aller à 200 ou 300 mètres du navire. Nos quartiers d'hiver sont plus avantageusement situés que la *Discovery* pour la surveillance des phénomènes éruptifs de l'Erebus. D'abord ils ne sont éloignés du volcan que de 15 milles environ; ensuite ils embrassent la vue presque entière de la montagne. Le météorologiste, à chacune de ses observations bi-horaires, relève toujours la direction du panache de fumée qui indique celle des courants aériens supérieurs. Dans ces conditions, aucune manifestation volcanique n'échappa à notre attention. Pendant l'hiver, nous pûmes suivre toutes ses variations d'intensité et toutes ses modalités. Durant les mois d'obscurité, des lueurs intenses furent fréquemment visibles au sommet de l'Erebus. A certains moments, elles étaient beaucoup plus vives qu'à d'autres. Tel fut le cas, lors d'une période de très grande dépression barométrique. A cette époque, les reflets passaient tous les quarts d'heure par des phases de croissance et

L'EREBUS, VU DU BORD EXTÉRIEUR DE LA BANQUISE.

de décroissance. A d'autres dates des flammes furent projetées au-dessus du cratère.

Parfois l'énorme colonne de fumée flottant au-dessus du cône s'élève verticalement à une hauteur de 900 à 1 200 mètres, avant de suivre la direction des courants aériens. Lorsque la lune, à son lever, se trouvait derrière le sommet de la montagne, les détails de ce panache devenaient très apparents ; on vit alors des bouffées colossales violemment chassées en l'air par un paroxysme. La réverbération rouge, très vive, observée à certains moments sur le nuage de fumerolles, indiquait, semble-t-il, que la lave en fusion était sur le point de déborder hors du cratère. Ces soudaines poussées, déterminées par des explosions gazeuses à l'intérieur de l'appareil, prouvent que l'Erebus possède encore une activité considérable.

Le 5 mars, après toute une journée et toute une nuit consacrées à l'achèvement des préparatifs, les ascensionnistes se mettent en route. A six heures du matin, le déjeuner est servi et le traîneau chargé ; son poids est de 250 kilos. A huit heures quarante-cinq, l'ordre de départ est donné. Tous nous accompagnons les voyageurs pour les aider à porter leurs bagages par-dessus l'arête rocheuse située derrière la maison et à les haler ensuite sur les premières pentes. Après lui avoir souhaité bon voyage, nous laissons la caravane au moment où elle s'engage sur une nappe de neige, afin d'éviter les glaciers crevassés.

A 1 600 mètres de là, et à l'altitude de 120 mètres, une ancienne moraine lui barre le passage et l'oblige à un nouveau portage. Au delà, sur une pente de glace et de névé, le traîneau chavire. Alors une neige légère commence à tomber, accompagnée d'une faible brise. Plusieurs passages présentent de grandes difficultés. C'est d'abord un petit glacier très incliné, dont la glace bleue est recouverte d'une mince couche de neige. Sur cette face glissante les explorateurs doivent s'escrimer des mains et des genoux pour se hisser eux et leurs bagages. Ensuite, ce sont de gros *sastrugi*. Ces vagues de neige sont engendrées par le vent, principalement dans les endroits où des affleurements rocheux arrêtent sa libre expansion. La profondeur des sillons atteint o m. 5o, o m. 8o, o m. 9o et même 1 m. 2o, selon la position des arêtes rocheuses voisines et selon la force du vent qui les a façonnés. Les crêtes dressées entre les dépressions constituent un obstacle pour les traîneaux, surtout quand elles sont orientées parallèlement à la direction suivie par la colonne. Malgré les nombreux ennuis qu'ils causent au voyageur, les sastrugi lui rendent parfois service en lui permettant de suivre sa route, lorsque le temps est couvert. Sur des surfaces étendues, ces vagues gardent en effet une orientation à peu près constante; il suffit donc, au début, de relever leur direction et de les couper ensuite toujours à peu près sous le même angle. De temps à autre, on a simplement à opérer une vérification.

Sur les sastrugi qui ridaient les flancs de l'Erebus, nos camarades eurent beaucoup de mal à conserver leur équilibre et encore plus à garder leur belle humeur. On n'entendait qu'imprécations contre ces maudites vagues de neige. A six heures du soir, l'expédition bivouaqua près d'un petit *nunatak* noir, à l'altitude d'environ 825 mètres et à 11 kilomètres des quartiers. Après un bon dîner chaud, nos amis se glissèrent dans leurs sacs sous les tentes.

Le lendemain matin, au réveil, le thermomètre marquait — 20°,3, alors que, à la même heure, il n'était qu'à — 17°,8, à la station. Au-dessus du premier camp, la pente devient plus raide et atteint 20 p. 100; en même temps des sastrugi orientés obliquement à l'itinéraire de la caravane déterminèrent fréquemment le chavirement du traîneau. Par suite, le halage fut très pénible et obligea les ascensionnistes à des efforts qui les empêchèrent de sentir le froid. La distance couverte pendant cette seconde journée fut seulement de 4800 mètres ; en revanche en altitude le gain s'éleva à 840 mètres ; ce soir-là, la température descendit à — 33°,3. Le deuxième campement fut installé à hauteur du plus ancien rempart cratériforme de l'Erebus. L'examen du terrain conduisit le professeur David à penser que tout récemment une émission de lave s'était produite dans ce cratère.

Le troisième jour, avant le départ, Adams décida que l'escouade de soutien essaierait d'atteindre le sommet, quoiqu'elle ne fût pas aussi bien équipée que la première et qu'elle fût dépourvue de crampons. David, ayant reconnu que des bandes de cuir placées sous la semelle des chaussures remplaçaient avantageusement ces engins, prêta les siens à Marshall. Adams et David portaient des brodequins à ski, comme plusieurs de leurs compagnons, tandis que d'autres avaient des mocassins lapons. Laissant au second camp leur traîneau et une partie des approvisionnements et du matériel, les explorateurs continuèrent la montée, chacun avec une charge de 18 kilos sur le dos. Ils emportaient simplement les sacs de couchage, deux tentes, les ustensiles de cuisine et trois jours de vivres. A mesure que l'on avance, la pente devient de plus en plus accentuée. Tandis qu'à coups de piolet il taille des pas dans une neige très dure, Mackay perd l'équilibre et roule sur la neige jusqu'à une trentaine de mètres en contre-bas, où il est arrêté par un renflement du terrain.

Le troisième jour, soit le 7 mars, le camp est établi à l'altitude de 2625 mètres. Le thermomètre marque alors — 28°,8. Vers neuf ou dix heures du soir, une brise très fraîche commence à souffler ; le lendemain matin, elle est devenue un violent blizzard de sud-est. D'heure en heure la force du vent augmente ; tellement épais sont les tourbillons de neige soulevés par l'ouragan et si bruyant est le sifflement de la tempête que les deux escouades, campées à 9 ou 10 mètres l'une de l'autre, ne se voient ni ne s'entendent. Les montants des tentes ayant dû être laissés au dépôt, les toiles sont simplement étendues sur les sacs de manière à protéger leurs ouvertures contre l'invasion de la neige. Malheureusement cette précaution n'est guère efficace.

Dans l'après-midi, au moment où Brocklehurst se glisse hors de son sac, le vent lui arrache un de ses gants en peau de loup. Ayant voulu le rattraper, il est culbuté et roulé dans un ravin. Adams, sorti en même temps, est à son tour renversé en voulant secourir son camarade. Marshall, resté seul dans le sac, a alors toutes les peines du monde à résister à la rafale et à ne pas être emporté avec le sac, la tente et tout le matériel. Au prix d'efforts désespérés et se traînant à quatre pattes, Adams et Brocklehurst réussirent à regagner leur gîte, ce dernier à bout de forces. Pendant la sortie d'Adams et de Brocklehurst, une grande quantité de neige avait pénétré dans le sac ; à deux reprises, ses habitants essayèrent de s'en débarrasser, mais sans résultat. Il n'y avait donc qu'à rester couchés jusqu'à la fin de l'ouragan. De temps à autre, nos explorateurs grignotaient un biscuit ou du chocolat ; mais, de toute la journée non plus que la nuit suivante, ils ne purent boire par suite de l'impossibilité d'allumer un fourneau pour faire fondre de la neige.

Le lendemain matin, à quatre heures, le vent est tombé et, à cinq heures trente, la caravane se met en marche. La pente est maintenant extrêmement raide, 34°, soit 66 p. 100. Comme il serait trop long de tailler des gradins dans la neige, la colonne s'engage sur des rochers. Arrivée à l'extrémité supérieure de ce promontoire, elle traverse ensuite une pente de neige en diagonale, en creusant

FUMEROLLE CONGELÉE DANS L'ANCIEN CRATÈRE DE L'EREBUS, AYANT LA FORME D'UN LION COUCHÉ. LES PERSONNAGES SONT, DE GAUCHE A DROITE: MACKAY, DAVID, ADAMS, MARSHALL.

des pas, se dirigeant sur une autre arête qui semble s'étendre jusqu'à une assez grande hauteur. Sur ces entrefaites, Brocklehurst, qui portait des brodequins, commença à se sentir les pieds très froids; néanmoins il ne jugea pas nécessaire de prendre ses mocassins.

A midi, à environ 240 mètres en dessous de l'ancien cratère, trouvant un emplacement convenable pour camper, les explorateurs font halte et préparent le thé. Le froid est devenu très intense, en même temps que les effets de la raréfaction de l'air commencent à se faire sentir. De là, au milieu d'une mer de nuages, on découvre un magnifique panorama sur la côte et sur la Barrière; mais ce n'est pas le moment de se livrer à la contemplation du paysage, si beau qu'il soit. Après un repas rapide, l'ascension est reprise.

En dessous du cratère principal, au lieu de suivre les rochers, Mackay s'aventure seul sur un névé très escarpé. Tout à coup, ses camarades l'entendent appeler au secours; épuisé, le malheureux se sentait défaillir. Rapidement, David et Marshall gagnent le sommet de la crête, et de là, se laissant couler, rejoignent leur compagnon en détresse. A peine l'ont-ils amené en lieu sûr qu'il s'évanouit. Cette indisposition est évidemment la conséquence de la haute altitude à laquelle se trouvaient les explorateurs. Brocklehurst, lui aussi, souffre du mal des montagnes. Rencontrant un endroit abrité près du bord de l'ancien cratère, la caravane y abandonne ses charges. Ce « rempart » est formé par un escarpement de roche noire, presque partout vertical, surplombant même en certains endroits, haut de 25 à 30 mètres, et dominant la plaine de neige qui recouvre la *caldeira* [1]. Dans l'épaisseur de cette neige, à la base de l'escarpement, s'ouvre un fossé profond

---

1. On donne ce nom aux enceintes concentriques entourant le cône principal et qui sont le résultat d'explosions ayant détruit le sommet d'un ancien volcan. (*Note du traducteur.*)

de 9 à 12 mètres, évidemment creusé par les blizzards. Le vent de sud-est, frappant avec une extrême violence le rempart de l'ancien cratère au pied de cette falaise, éprouve un remous qui a pour effet de chasser la neige. Aux environs de nos quartiers d'hiver, autour de chaque rocher isolé exposé au sud-est, s'observe la même cavité. Au delà du fossé en question, s'étend une nappe de neige considérable, dominée par le cône en activité que surmontent d'énormes panaches de fumerolles; au milieu de cette plaine blanche apparaissent des monticules isolés de forme étrange; les uns ont l'aspect de tonnelles et de hautes cheminées, tandis que les autres affectent la forme d'animaux. Pressés par la faim, les explorateurs remirent à plus tard le soin d'étudier l'origine de ces curieuses formations.

Des quartiers d'hiver, nous vîmes la silhouette de nos amis se détacher sur le ciel lorsqu'ils parvinrent au sommet du rempart. Pendant les deux premiers jours, Armytage avait suivi la caravane avec sa lunette, puis l'avait perdue de vue une fois qu'elle s'était engagée sur les rochers.

Avant le déjeuner, Brocklehurst, se plaignant d'avoir les pieds insensibles depuis quelque temps, Marshall s'empressa de les examiner. Notre camarade avait les deux orteils déjà noirs et tous les autres doigts également atteints, quoique moins gravement, Évidemment la « morsure » remontait à plusieurs heures. Marshall et Mackay s'employèrent immédiatement à rétablir la circulation dans les pieds de notre ami. Ils y réussirent sans trop de peine, mais il était évident que la guérison complète serait longue et douloureuse. Une fois que Brocklehurst fut réchauffé, on lui passa des chaussons secs et des mocassins bien remplis de *senne-græss*, puis on déjeuna. Il était alors trois heures et demie de l'après-midi. Pour avoir marché pendant neuf heures avec les pieds dans un tel état, Brocklehurst a fait preuve d'un courage et d'une endurance remarquables. Après le repas, on l'installa dans un sac de couchage, et les cinq autres membres de l'expédition se dirigèrent vers la caldeira par une brèche du rempart. Arrivée sur la neige du cratère, la caravane s' « encorda » et, avançant avec précaution pour éviter les crevasses, s'achemina vers les monticules dont il a été question plus haut, puis vers un cône adventif situé à environ 3oo mètres au-dessus du camp et à 1 6oo mètres environ en distance linéaire. Au-dessus de la neige affleuraient des fragments de lave, de grands cristaux de feldspath, long de o m. o3 à o m. o8, et des ponces ; feldspath et ponces portaient fréquemment des cristallisations de soufre. Au retour, les explorateurs visitèrent un des monticules de glace, dont la silhouette présentait une vague ressemblance avec un lion couché et duquel paraissait s'échapper de la fumée. Un rapide examen permit au professeur David de se rendre compte de la genèse de ces tertres. Dans les pays tempérés, les évents volcaniques émettent des fumerolles chaudes, comme on peut le constater en passant la main à travers le nuage qu'elles forment. Ici, en raison du climat rigoureux de l'Antarctique, ces exhalaisons, aussitôt qu'elles arrivent à la surface, se transforment en glace. L'entassement progressif de ces dépôts a engendré des monticules qui sont semblables à ceux créés par les geysers de Nouvelle-Zélande, d'Islande et du parc de Yellowstone. En les étudiant, Mackay et Marshall enfoncèrent dans deux de ces tertres jusqu'au-dessus du genou. Sans leurs piolets, ils seraient descendus plus bas.

A leur retour au camp, nos amis trouvèrent Brocklehurst aussi bien que possible. Après le dîner, assis sur les rochers, ils eurent l'occasion de contempler un merveilleux panorama vers l'ouest. A leurs pieds s'étendait une mer de nuages, tandis que le soleil couchant illuminait les chaînes de l'Ouest.

Le lendemain, au réveil, à quatre heures du matin, le spectacle ne fut pas moins beau. Projetée par le soleil levant, l'ombre de l'Erebus se détachait sur les cumulus amoncelés en dessous de la cime avec une netteté si parfaite que tous les détails de la montagne étaient visibles. L'observation de l'hypsomètre, combinée avec la moyenne fournie par les baromètres, donna 3475 mètres pour l'altitude du rempart de la caldeira. A six heures du matin, l'escouade partit pour escalader le cône en activité. Dans la traversée de l'ancien cratère, Mawson prit diverses photographies. La contraction que le froid intense avait fait subir à l'obturateur rendit cette opération singulièrement difficile. Gravissant des pentes formées de couches stratifiées de neige, de ponces et de grands cristaux de feldspath très réguliers, la caravane arriva au pied du cône principal. A partir de là, ses progrès furent lents et pénibles, en raison de la raréfaction de l'air.

Le cône actif de l'Erebus est constitué principalement de ponces, dont le diamètre varie de quelques centimètres à plusieurs pieds. A l'extérieur, elles sont grises, souvent jaunes en raison de la présence de cristaux de soufre, tandis qu'à l'intérieur elles ont une teinte brune.

Vers dix heures du matin, le 10 mars, la caravane atteignit le sommet du cratère. Pour la première fois, l'Erebus, peut-être la plus remarquable montagne du monde, était vaincu. L'ascension de cette dernière partie du volcan, élevée de 609 mètres au-dessus du rempart de la caldeira, exigea plus de quatre heures. Le rapport des explorateurs décrit en termes saisissants le spectacle magnifique et terrifiant qui s'offrit à leur vue du haut du cône. « Nous étions, écrivaient-ils, sur le bord d'un vaste abîme dont le fond et les bords opposés étaient masqués par un énorme nuage de vapeurs qui s'élevait à une hauteur de 150 à 300 mètres. C'était d'abord, pendant quelques minutes, un sifflement sonore, puis un grondement étouffé roulant dans les profondeurs de la

LE CRATÈRE ACTIF DE L'EREBUS, ON VOIT A GAUCHE MONTER DES FUMEROLLES.
LA PHOTOGRAPHIE A ÉTÉ PRISE DE LA PARTIE LA PLUS BASSE DU BORD DU CRATÈRE.

montagne, suivi par la projection d'énormes globes de fumerolles qui allaient rejoindre le panache blanc flottant au-dessus du cône. Une pénétrante odeur de soufre prenait aux narines. Soudain, une légère brise du nord vient refouler la fumée, et l'intérieur du cratère nous apparaît dans toute son étendue. D'après les observations angulaires prises par Mawson, sa profondeur serait de 270 mètres et sa plus grande largeur d'environ 800 mètres. Au centre, trois fentes, semblables à l'orifice de puits, livraient passage aux fumerolles. Le bord sud-ouest du cratère était coupé par une fente profonde de 100 à 120 mètres. Sur la paroi du cratère opposée à celle où nous nous trouvions, des lits de ponce noire alternaient avec des couches de neige. Nous ne pouvons dire si ces neiges reposaient ou non directement sur de la lave. Du sommet d'une des nappes de ponce les plus épaisses, dans sa zone de contact avec la neige, sortaient de petits jets de vapeur disposés en file. Ils étaient trop nombreux et trop rapprochés pour être autant de fumerolles indépendantes. Suivant toute vraisemblance, ils étaient produits par la volatilisation de la neige, qui se trouvait là en contact avec des assises chaudes. »

D'après les indications fournies par les anéroïdes, combinées avec celles données par l'hypsomètre pour le sommet du rempart de la caldeira, l'altitude du cône actif de l'Erebus peut être fixée à 4 075 mètres. Après cette ascension, la caravane regagna son campement et commença immédiatement la descente. Malgré son état, Brocklehurst tint à honneur de ne pas laisser porter son sac par d'autres. Pour le retour, on prit un itinéraire un peu à l'ouest de celui suivi à la montée. A plusieurs centaines de pieds plus bas, après de nombreuses chutes sur des éboulis mobiles, l'escouade arriva au sommet d'une pente de neige extrêmement raide. Pour franchir cet obstacle, trois routes s'offraient au choix des voyageurs : ou revenir sur leurs pas jusqu'au raccord de la crête sur laquelle ils se trouvaient avec l'arête principale, ou descendre la pente en taillant des pas, ou bien encore se laisser glisser jusqu'à un replat rocheux situé à 15o ou 18o mètres, en contrebas. Très fatigués, mes camarades donnèrent la préférence à la glissade.

Sur ces entrefaites, l'un d'eux s'aperçut qu'une boule de neige placée sur le rocher fondait sous l'action des rayons solaires; grâce à cette circonstance, nos amis purent étancher leur soif ardente. Après cela les explorateurs firent dévaler leurs sacs, qu'ils avaient au préalable solidement fermés ; puis à leur tour ils se lancèrent sur la pente, appuyés sur leurs piolets. Tous les autres champs de neige furent ensuite franchis en glissant. Lorsque, filant à toute vitesse, on rencontrait des sastrugi durcis, une culbute s'ensuivait. Ces chutes ne furent pas sans dommage pour le matériel. Un anéroïde fut perdu et un thermomètre de l'hypsomètre brisé. Finalement la déclivité s'adoucit près de la terrasse sur laquelle se trouvait le dépôt. En quatre heures, l'escouade avait descendu 1525 mètres. Le blizzard du 8 avait bouleversé le campement. Le traîneau gisait renversé, une partie de sa cargaison éparpillée et enfouie sous la neige.

Le lendemain, dès cinq heures du matin, le signal du départ fut donné. Les sastrugi engendrés par la tempête affectaient une direction oblique à celle suivie par la caravane et atteignaient une hauteur de 1 m. 3o à 1 m. 5o. La manœuvre du traîneau sur ces pentes accidentées fut extrêmement pénible; tandis que deux hommes le tenaient en avant, deux le soutenaient de chaque côté et deux autres le retenaient. En guise de frein, on avait entouré les patins de corde. Malgré ces précautions, le véhicule fut une source de dangers et de difficultés. Tantôt il versait, tantôt il s'arrêtait brusquement, tantôt, au contraire, il filait trop vite, et, venant heurter par derrière les hommes qui le traînaient, les renversait. En même temps, ceux des ascensionnistes qui n'avaient pas de crampons ou de chaussures munies de bandes de cuir culbutaient à chaque pas. Deux heures de cette marche difficile amenèrent la caravane au nunatak, situé à 10 kil. 800 du cap Royds, près duquel le premier campement avait été établi.

Les apparences du ciel annonçaient l'approche d'un nouveau blizzard. Déjà des rafales commençaient à soulever la neige. Les hommes étaient fatigués, la provision de pétrole presque épuisée, la tente trouée par une brûlure et un fourneau brisé. Aussi bien Adams prit le parti d'abandonner les bagages et de filer rapidement vers la station. Trompés par la lueur falote d'un jour gris, nos camarades ne pouvaient distinguer les sastrugi et à chaque instant s'abattaient contre ces crêtes de neige. Après d'innombrables chutes, voici la nappe brillante du lac Bleu ; le but est proche, encore 800 mètres à peine, et l'on atteindra la station. Mais combien pénible fut ce court trajet ! C'est littéralement fourbus que nos camarades arrivèrent aux quartiers d'hiver...

Vers onze heures du matin, j'étais sorti, lorsque subitement je vis devant moi six formes humaines qui marchaient pesamment comme des gens épuisés. Immédiatement, je me précipite au-devant d'eux, leur demandant s'ils sont parvenus au sommet de la montagne. Aucune réponse. Je renouvelle ma demande. Telle est leur fatigue qu'ils peuvent à peine parler. Pour fêter la victoire des explorateurs, nous débouchons le champagne. Quelques minutes après, le cuisinier déposait devant nos amis une grande casserole de bouillie d'avoine. En quelques instants, elle disparut ; après cela un jambon presque entier, accompagné d'énormes tranches de pain beurré, subit le même sort. Mes camarades rapportaient de leur expédition le magnifique appétit que procurent les explorations polaires. Quelques jours plus tard, une escouade alla rechercher les bagages abandonnés en arrière.

La montée fut rude sur une neige qui ne portait pas et par une température de — 28°,9 à midi. A la descente, le traîneau fut laissé sur les bords du lac Bleu, où le lendemain deux poneys allèrent le chercher et le ramenèrent aux quartiers.

Un des résultats les plus importants de cette expédition est la détermination de l'altitude de l'Erebus. En 1841, Sir James Ross l'avait évaluée à 3 669 mètres. Par des mesures angulaires relevées au théodolite du bord de la mer, l'expédition de la *Discovery* obtint 3 998 mètres ; sur la carte de la marine anglaise récemment publiée, cette altitude a été réduite à 3 848 mètres. Les altitudes que nous donnons ont été fournies par l'hypsomètre et par des observations barométriques simultanées sur la montagne et à la station. D'après ces observations, le sommet du cratère en activité serait à 4 068 mètres environ et le sommet du rempart de la caldeira ou second cratère, à 3 459 mètres. Peut-être l'altitude de l'Erebus donnée par Ross était-elle exacte en 1841 et peut-être depuis le cône terminal s'est-il élevé de plus de 300 mètres, par suite de l'entassement progressif des projections volcaniques.

Un autre résultat intéressant est la découverte, sur les flancs de l'Erebus et à l'altitude de 300 mètres, d'anciennes moraines provenant d'une colossale extension antérieure de la Grande Barrière. Le sound Mac Murdo ayant une profondeur d'au moins 511 mètres, la nappe de glace, lors de ce paroxysme, aurait donc atteint une puissance d'au moins 853 mètres. En outre de ces moraines datant du maximum de la glaciation, on en observe d'autres, plus récentes, datant d'une seconde phase glaciaire et déposées par des glaciers locaux établis sur les flancs de la montagne.

L'Erebus paraît se composer de quatre cratères emboîtés les uns dans les autres. Le plus ancien, le plus bas et le plus vaste, se trouve à l'altitude de 1 800 à 2 100 mètres et possède un diamètre d'au moins 8 400 mètres. Le second, la caldeira, situé à

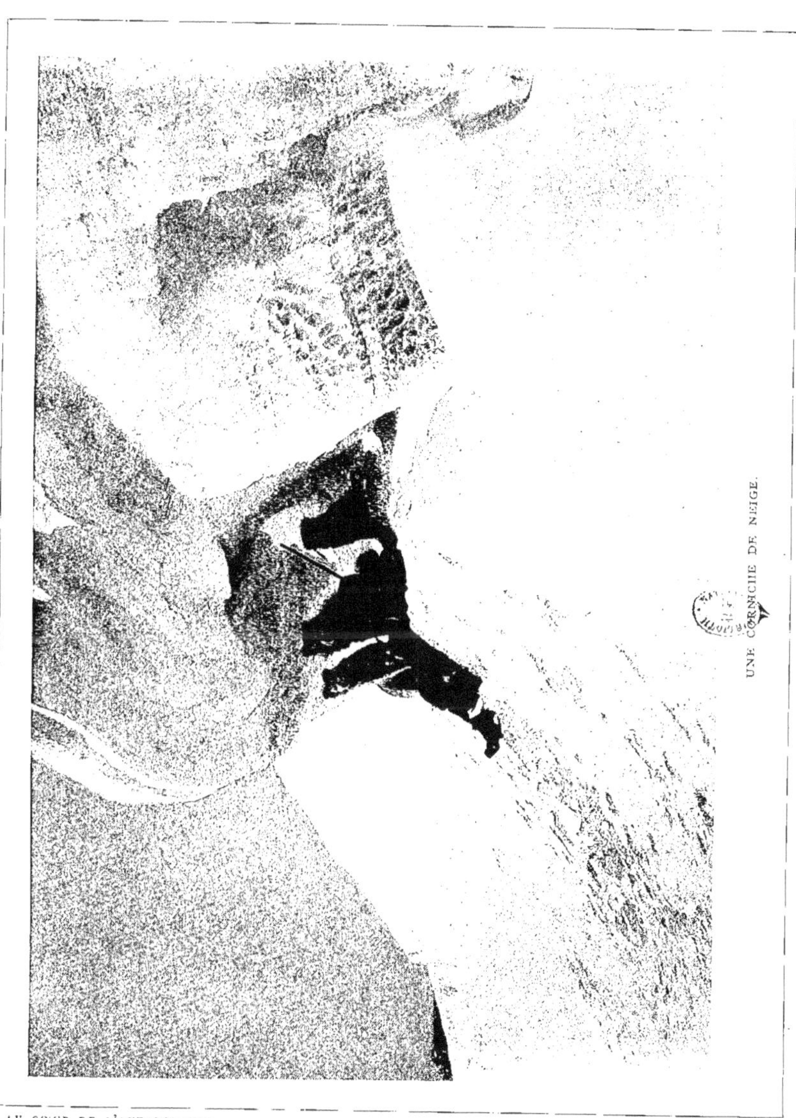

AU CŒUR DE L'ANTARCTIQUE.

Pl. 14, page 56.

l'altitude de 3 459 mètres, est large de 3 200 mètres environ. Son rempart, formé par un escarpement rocheux vertical, paraît indiquer qu'originairement il était très profond; actuellement il est rempli presque jusqu'au bord par de la neige, des plages de grands cristaux de feldspath et de ponces et des monticules de glaces dont il a été question plus haut. Le troisième cratère, à 3 718 mètres, a été presque complètement oblitéré par les manifestations volcaniques. Le quatrième, en activité, élevé de 243 mètres au-dessus du troisième, est constitué principalement de ponces, dont le diamètre varie de 0 m. 025 à 0 m. 90.

On y observe également des cristaux de feldspath. Tous ces matériaux portent des incrustations de soufre. Les fumerolles qui se dégageaient, lorsque nous étions sur le bord du cratère, avaient une forte odeur sulfureuse. De plus, les bords de cette bouche étaient frangés d'une bande de soufre. L'Erebus semble donc être actuellement dans la phase solfatarienne. D'autre part, les fréquentes lueurs observées de la station pendant l'hiver sur le panache de fumée indiquent la présence de laves en fusion dans le cratère. Tout récemment l'Erebus a dû lancer des bombes, comme l'indique la présence de débris de cette nature sur des nappes de neige peu anciennes dans un rayon de 6 kil. 430 autour du cratère.

«La bouche en activité mesure un diamètre d'environ 500 à 800 mètres et une profondeur de 270 mètres environ. Elle est donc trois fois plus profonde que le cratère du Vésuve. L'un des traits les plus remarquables observés au sommet du cône est une longue série de jets de vapeur, à 90 mètres en contre-bas du bord interne de l'appareil central. La plupart s'échappent d'une couche épaisse de lave sombre ou de ponces qui surplombent légèrement dans l'intérieur du cratère. Peut-être ces fumerolles représentent-elles un niveau de lave à l'intérieur de la bouche volcanique et sont-elles produites par la vaporisation de la neige en contact avec ces roches brûlantes. Au-dessus de ce dépôt s'étendait, en effet, une nappe de neige, mais en existait-il un lit intercalé entre les couches de ponces, ou au milieu de la masse noire surplombant, je ne puis me prononcer à cet égard. L'Erebus produit le type très rare de lave connu sous le nom de *kenite*. »

Ces notes rapides suffisent, croyons-nous, à mettre en évidence le haut intérêt scientifique que présente l'Erebus au point de vue du volcanisme. De plus, cette cime a joué le rôle d'un marégraphe gigantesque enregistrant les fluctuations de niveau du paroxysme glaciaire dans l'Antarctique, alors que l'île Ross n'était qu'un nunatak au milieu d'un glacier colossal. Au point de vue météorologique, cette montagne ne présente pas un moindre intérêt en raison de sa situation entre la zone des calmes polaires et le Pôle Sud, de son éloignement de toute influence perturbatrice produite par de grandes masses terrestres, enfin de sa grande altitude, qui en fait une station dominant tout le système de la circulation atmosphérique.

Le grand glacier qui, à une époque antérieure, a rempli le sound Mac Murdo a, en se retirant, déposé des blocs de granite de toutes tailles et de toutes couleurs autour du cap Royds et sur les pentes inférieures de l'Erebus. Les géologues se félicitent que les circonstances nous aient obligés à prendre nos quartiers d'hiver dans un lieu aussi intéressant à leur point de vue. Murray, le zoologiste, est non moins satisfait. Tous les jours, pour ainsi dire, l'un de nous découvre un lac ou une mare. Bientôt, dans les environs immédiats du baraquement, nous connaissons au moins une douzaine de ces petits bassins, autant de champs féconds pour les recherches de notre ami. Mawson étudie, lui, la structure et les formes de la glace et de la neige dans les lacs et sur les collines voisines. Lorsque la mystérieuse aurore australe illuminera les nuits, notre camarade ajoutera à ses occupations l'étude de ce météore.

Les observations météorologiques avaient déjà commencé avant l'ascension de l'Erebus. Une fois tout le monde rentré, un service plus régulier fut organisé. Adams, notre météorologiste, fut chargé de la lecture des instruments de huit heures du matin à huit heures du soir. De dix heures du soir à six heures du matin, il était remplacé par le veilleur de nuit. Les observations étaient prises toutes les deux heures.

J'avais acheté tous les instruments que la modicité de mon budget m'avait permis d'acquérir. L'abri météorologique renferme un thermomètre à maxima et un à minima. En dehors de ces instruments, nous possédons des thermomètres, secs et humides, dont les indications sont contrôlées par un thermographe. Ces instruments sont placés sous l'abri ou cage météorologique. Cet abri est construit de telle sorte que l'air y circule librement, sans que le vent puisse souffler au travers avec force.

Sur le toit de la cage sont cloués deux morceaux de bois en croix, le plus long dans la direction du méridien ; une de ses extrémités marque le sud vrai et l'autre le nord vrai. A une hampe fixée sur le devant est attachée une girouette. On peut ainsi déterminer la direction de la brise. Pour en noter la force et la vitesse entre chaque observation, un anémomètre est installé sur l'un des montants de l'abri.

Un autre instrument intéressant est le nivomètre composé de fragments de tuyaux de poêle. Le récipient, rempli du produit de la chute de neige, était apporté dans l'habitation où on la faisait fondre. Le résultat de l'opération donnait la valeur en eau de la chute. Les observations de cette nature sont particulièrement importantes dans les régions antarctiques. De la somme des précipitations neigeuses et de l'évaporation dépend l'alimentation des vastes champs de neige et des glaciers qui couvrent cette région. La vitesse de l'évaporation était obtenue, en comparant les poids de cubes de glace et de neige de volume déterminé, suspendus en dehors de la maison, à l'abri de toute influence qu'elle pourrait exercer. Dans notre habitation, nous avons un baromètre au mercure que l'on observe également toutes les deux heures, et un barographe, instrument qui enregistre graphiquement les variations de la pression atmosphérique.

Dès que la baie fut recouverte d'une couche de glace suffisamment solide, Murray commença ses opérations en vue de capturer les animaux marins. A travers un trou, il descend au fond de la mer une nasse appâtée avec un morceau de pingouin ou de phoque. Par une ouverture ménagée au sommet, les animaux marins entrent dans l'appareil et n'en peuvent plus ensuite sortir.

Pendant nos promenades, toujours nous ouvrons l'œil pour découvrir d'intéressants échantillons. Parfois nous récoltons un maigre lichen ou quelques algues, les seules traces de végétation que porte cette terre glacée. Combien plus abondante est la flore à la même latitude dans les régions arctiques ; là on ne rencontre pas moins de dix-huit espèces de plantes florifères et même un saule rabougri. Si la végétation terrestre est extrêmement pauvre, en revanche les nappes d'eau situées autour du cap Royds contiennent une abondante flore lacustre. Pendant l'hiver, Murray, Priestley et David y recueillirent de nombreuses collections.

CHAPITRE IV

DÉPART POUR LE POLE SUD

Après l'ascension de l'Erebus, nous achevons nos préparatifs en vue de la longue nuit hivernale qui approche rapidement. Sur nos occupations, pendant cette nuit même, je passerai sans insister ; elles sont toujours à peu près identiques pour tous les explorateurs polaires : observations météorologiques, magnétiques, géologiques, zoologiques, etc. ; nous en fîmes une ample provision. Les distractions, quoi qu'on en puisse penser, ne nous firent pas défaut ; à côté du bridge, du poker, de la lecture, de la musique et de la chasse ; à côté des fêtes données dans les grandes occasions, comme par exemple au moment du solstice d'hiver, je veux faire une place d'honneur à la composition d'un livre intitulé *l'Aurore australe*, qui fut fabriqué avec nos seuls moyens par ceux de nos campagnons qui savaient manier une presse et des caractères d'imprimerie. Aussi nous ne connûmes pas « l'ennui polaire ».

Dès que les premières lueurs de l'aube, présage du retour du soleil, paraissent, nous commençons les préparatifs de la campagne de printemps. Le plus tôt possible, il importe d'établir un dépôt de vivres dans le sud, en prévision de la marche vers le Pôle. Je voudrais l'installer à 160 kilomètres au moins de nos quartiers. Cette expédition nous permettra, en outre, de connaître l'état de la neige sur la Barrière en vue de l'emploi de l'automobile et servira à entraîner mes collaborateurs au pénible travail du halage des traîneaux. Les poneys sont maintenant en forme ; néanmoins, je ne les emmènerai pas dans les expéditions préliminaires. A quoi bon, sans nécessité, exposer nos précieux chevaux, alors qu'ils sont à peine suffisants pour le grand voyage vers le sud ?

Le 12 août, je me mets en route, accompagné du professeur David et de B. Armytage. Ultérieurement, l'un et l'autre doivent prendre la direction d'escouades d'exploration, le premier vers le Pôle magnétique, le second dans les montagnes de l'Ouest. Le soleil n'a pas encore reparu, et le froid est très intense ; mais l'expérience acquise pendant l'expédition de la *Discovery* a prouvé que, même dans ces conditions, une expédition est possible. Nous avons des vivres pour une quinzaine et 13 litres de pétrole, le tout chargé sur un traîneau.

Le temps n'est pas très bon, et par suite la marche est lente. A six heures du soir, nous campons près de la crevasse engendrée par la marée sur la face sud de la Tête de Turc. Malgré un froid d'environ 40°, nous dormons profondément. Le lendemain matin, nous nous dirigeons vers la Langue du Glacier. Sans difficulté, nous atteignons le sommet de cette digue par une pente de neige douce qui le relie à la banquise. Nous déjeunons sur le versant sud de la Langue, puis regagnons facilement la banquise. De ce côté, comme sur la face nord, s'ouvre une énorme crevasse. Elle est due à ce que la marée soulève plus la glace de mer que cet appareil glaciaire et par suite détermine un décollement entre les deux masses. Épuisés par le halage du traîneau auquel nous ne sommes pas encore habitués, nous devons nous arrêter à 6 kilomètres de la Hutte. Le thermomètre marque alors environ — 43°.

Le 14 au matin, nous atteignons les anciens quartiers d'hiver de la *Discovery*. J'éprouve un véritable plaisir à revoir ces lieux où j'ai vécu plus d'un an. Voici le trou creusé dans la glace pour nous procurer les blocs nécessaires à l'approvisionnement en eau douce. Les traces des pics et des pelles sont encore très nettes sur ses bords. Voici plus loin une vieille caisse à moitié recouverte de glace. Autour de la cabane, gisent des débris de toutes sortes : des peaux et des squelettes de phoques, des ossements de pingouins.

Nous montons ensuite à la Brèche, d'où nous découvrons la Barrière, la longue route blanche que nous suivrons prochainement. Cet inconnu m'attire ; il me tarde de partir pour dissiper les mystères du Pôle. De là, nous gagnons le sommet de la colline du Cratère. Ensuite nous grimpons le long de l'arête vers le Roc du Château, sur une distance de 7 kilomètres dans la direction du nord, afin d'examiner la constitution géologique de ce massif. Après quoi, nous descendons à la hutte de la *Discovery* pour y prendre un solide repas et nous y préparer à l'excursion projetée sur la Barrière. Cette hutte sera le magasin général de l'expédition du Sud, et cela pour deux raisons. Au cas d'une débâcle soudaine dans le sound, il deviendrait très difficile de transporter du cap Royds à la Barrière les approvisionnements nécessaires à notre groupe. En second lieu, cette cabane se trouve à 32 kilomètres plus au sud que nos quartiers d'hiver.

Le lendemain (15 août), après avoir traversé la nappe de glace unie qui recouvre le port d'hivernage, nous doublons le cap Armytage, entouré de crevasses et de monticules de pression, et nous passons de la banquise sur la Barrière. La surface en est généralement ferme, mais, en certains endroits, gondolée de vagues de neige durcie, ou *sastrugi*, et dans d'autres couverte de neige molle. Un pareil terrain ne me semble guère propice à l'emploi de l'automobile. Comme nous en avons déjà fait l'expérience, la machine ne peut parcourir sur la neige molle que quelques mètres au plus; elle ne nous sera donc pas ici d'un grand secours. Le degré de consistance de la neige varie de kilomètre en kilomètre; or il serait trop long de changer les roues de l'auto, chaque fois que la nature de la piste change elle-même.

Le lendemain, devant la menace d'un blizzard prochain, je décide de gagner rapidement la pointe de la Hutte pour ne pas nous exposer à quelque accident et compromettre le résultat final par une imprudence. Nous prenons un déjeuner chaud, dont nous avons le plus grand besoin après une nuit passée à grelotter, et, à huit heures du matin, nous partons. Marchant à toute allure afin de nous réchauffer, à trois heures de l'après-midi nous arrivons à la cabane de la *Discovery*, heureux de retrouver ce gîte. A peine de retour, le blizzard éclate et, pendant six jours, nous retient prisonniers. Nous employons nos loisirs à aménager la partie de la hutte où nous avons l'intention de nous installer.

Le 22 août, date de la réapparition du soleil, nous regagnons la station. En dépit d'une fraîche brise agrémentée de rafales de neige qui nous souffle dans le nez, nous parcourons sans arrêt 14 kil. 400, jusqu'à la Langue du Glacier, où nous déjeunons. A cinq heures du soir, nous arrivons à la maison, ayant couvert 22 kil. 5 dans l'après-midi. Le principal résultat de cette excursion est de me convaincre que l'auto ne pourra nous rendre de grands services sur la Grande Barrière et ne facilitera guère notre marche vers le Pôle.

Dès le milieu de septembre, tandis que les hommes s'entraînent au pénible labeur du halage, chaque jour les poneys sont exercés

DAY AVEC L'AUTOMOBILE SUR LA GLACE DE MER.

ROUES SPÉCIALES DE L'AUTOMOBILE : A GAUCHE, LA FORME ORIGINALE ; A DROITE, LA FORME
TRANSFORMÉE. CE SONT LES ROUES A PNEUMATIQUES ORDINAIRES QUI, FINALEMENT, REN-
DIRENT LE PLUS DE SERVICES.

à tirer les traîneaux sur la banquise, entre la station d'hiver et le cap Barne. Afin de déterminer la charge maxima qu'ils peuvent haler, je les attelle à des traîneaux portant des poids différents. Ces épreuves montrent que la limite de chargement est de 292 kilos par poney. Nos chiens, quoique formant un imposant attelage, bien entraîné, ne me paraissent pas susceptibles d'emploi dans notre raid vers le Sud, en raison de la fréquence des tempêtes sur la Grande Barrière. Ces animaux refusent d'avancer lorsque le vent leur chasse dans le nez des tourbillons de neige. En mai, Day avait démonté le moteur de l'automobile, opération qui ne fut pas précisément facile par une température de 18° sous zéro. Puis, toutes les pièces une fois nettoyées, il les avait rangées dans une des caisses pour l'hiver. Le 14 septembre, lorsque le jour commença à augmenter, il remit tout en place. Le montage eut lieu par 23° sous zéro.

Le 19 septembre, l'auto montée par Day, Brocklehurst et Adams, partit avec un traîneau en remorque chargé de 337 kilos pour établir un dépôt à la Langue du Glacier. Il soufflait une âpre brise, et le thermomètre marquait — 23°. Jusqu'à l'île Inaccessible, située à 12 kil. 8 de la station, la machine roula facilement sur la banquise. Mais, à partir de là, elle enfonça profondément et s'arrêta dans des sastrugi. A 1 600 mètres plus au nord, ces vagues de neige étant moins nombreuses, on poussa la voiture de ce côté, et sur ce terrain elle parvint jusqu'à 400 mètres de la Langue du Glacier. Plus loin, la neige étant de nouveau très molle, les hommes halèrent le traîneau jusqu'au dépôt. Le retour s'effectua très facilement, en suivant la piste tracée à l'aller. La distance totale couverte par l'auto ce jour-là s'éleva à 48 kilomètres au moins, à une vitesse variant de 4 kil. 8 à 24 kilomètres à l'heure. Parti à neuf heures trente du matin des quartiers d'hiver, le convoi rentra à six heures quarante-cinq du soir. En une journée, l'auto avait accompli une besogne qui, dans des circonstances ordinaires, eût occupé six hommes pendant deux ou trois jours.

Vers le milieu de septembre, nous commençons nos préparatifs pour aller établir un dépôt à 185 kilomètres au sud de la pointe de la Hutte. Nous nous mettons en route le 22, avec une charge de 459 kilos. La première partie de l'étape est accomplie en auto avec les traîneaux en remorque à la vitesse de 9 kil. 6. Arrêtée au delà de l'île Inaccessible par la neige molle, la voiture revint ensuite aux quartiers d'hiver en vingt minutes, faisant ainsi du 38 à l'heure. Nous attelant aux traîneaux, nous nous dirigeons vers la cabane de la *Discovery*, où nous passons la nuit.

Le voyage sur la Barrière fut rendu singulièrement pénible par un abaissement extrême de la température. Le thermomètre descendit jusqu'à 50° au-dessous de zéro ; avec cela, nous subîmes plusieurs ouragans. Malgré ces obstacles, le dépôt A, comme nous l'appellerons désormais, fut établi le 6 octobre à 222 kilomètres de nos quartiers d'hiver. Aucune terre ne se trouvant en vue, pour marquer son emplacement nous plantons un traîneau surmonté d'un haut bambou garni d'un pavillon noir. Nous laissons là un récipient de pétrole et 75 kilos de maïs.

Au retour, nous fûmes assaillis par un véritable ouragan. Nous étions au sud de l'île Blanche, lorsque le vent du sud acquit une violence terrible. Quatre hommes frayaient la voie au traîneau, tandis que deux autres le retenaient par derrière ; malgré cette précaution, souvent le véhicule glissait trop rapidement en avant et venait culbuter la tête de colonne. En même temps que le vent redoublait, les tourbillons de neige devenaient de plus en plus épais et empêchaient de distinguer quoi que ce soit à 8 ou 10 mètres devant soi. Juste au moment où le blizzard atteignit son paroxysme, des ponts de neige s'éboulèrent sous nos pas ; nous nous étions fourvoyés au milieu d'un dédale de crevasses ! Dans ces conditions, il ne nous restait d'autre ressource que de camper immédiatement. Pendant trente heures de suite, l'ouragan nous bloqua ; c'est seulement le 13 octobre que nous pûmes rallier la pointe de la Hutte. Sur vingt et un jours qu'avait duré le voyage, pendant quatorze jours et demi seulement nous avions pu marcher. Au retour, pour regagner le temps que nous avaient fait perdre les blizzards, nous fîmes des étapes très longues, couvrant jusqu'à 40 kilomètres en un jour.

Le lendemain, 13 octobre, nous nous acheminons vers les quartiers d'hiver. A 2 kil. 5 au sud du cap Barne, nous avons la bonne fortune de rencontrer l'automobile. Immédiatement les traîneaux sont attelés à la machine, et nous rentrons triomphalement en voiture à la station. En vingt-deux jours, nous avions couvert 514 kilomètres. Affamés et fatigués, combien nous apprécions le confort de notre maison bien chaude et bien éclairée !

Pendant mon absence, le professeur David, Mawson et Mackay sont partis vers le Nord pour essayer d'atteindre le Pôle magnétique austral. J'avais invité David, qui est chef de cette escouade, à se mettre en route le 1er octobre, en tout cas aussitôt après cette date, dès que la température et les circonstances le lui permettraient. Le 25 septembre, l'auto avait transporté 380 kilos d'approvisionnements destinés à ce groupe au milieu du sound Mac Murdo, à 22 kil. 4 de la station ; le 3 octobre, il repartit avec une nouvelle charge d'approvisionnements, escorté de David, Day, Priestley et Mackay.

Le 5 octobre, l'escouade du professeur David quitta la station. Après avoir chargé les approvisionnements déposés pour elle au milieu du sound Mac Murdo, elle poursuivit sa route le long de la côte de la Terre Victoria. Les cinq premiers kilomètres de son long voyage, elle les parcourut commodément en auto. Le temps devenant menaçant et la température s'abaissant rapidement, le mécanicien ne jugea pas prudent d'aller plus loin.

Le départ pour l'Extrême-Sud étant fixé au 29 octobre, dès mon retour aux quartiers d'hiver les préparatifs sont activement poussés. Je me propose d'emmener trois compagnons et d'emporter des vivres pour quatre-vingt-onze jours. Avec ces approvisionnements, le matériel de campement et le reste des bagages, j'arrive au poids maximum fixé pour la charge des poneys. Mon programme primitif comportait l'exploration de la partie orientale de la Barrière, vers la Terre du Roi Édouard VII, en vue de reconnaître la nature de cet énorme appareil glaciaire et les terres situées à l'est. La perte de la moitié de ma cavalerie m'obligea à renoncer à ce projet et à n'organiser que trois expéditions, l'une vers le Pôle géographique, l'autre vers le Pôle magnétique, et la troisième dans les montagnes de l'Ouest, à l'effet d'étudier leur constitution géologique. Comme compagnons, j'ai choisi Adams, Marshall et Wild. Une escouade auxiliaire nous accompagnera pendant quelque temps pour nous prêter main-forte dans la traversée de la zone accidentée située en avant de la colline Minna.

Quels regrets de ne pouvoir employer l'auto sur la Barrière ! Les essais faits autour de la station ont prouvé qu'il ne peut avancer sur la neige molle. Or la reconnaissance entreprise au printemps pour aller établir le dépôt A nous a révélé la présence, sur le glacier, d'une épaisse couche de neige sans consistance, beaucoup plus puissante que celle qui le recouvrait en 1902. Dans les conditions que présente actuellement la Barrière, aucun véhicule ne pourrait y rouler.

L'approvisionnement de l'escouade du Sud fut établi sur des bases scientifiques. Après que Marshall eut déterminé la teneur de nos divers aliments en carbone, le poids de la ration quoti-

MISE EN ÉTAT D'UN TRAINEAU DURANT L'HIVER.

AU CŒUR DE L'ANTARCTIQUE.

Pl. 16, page 68.

dienne fut fixé à 963 grammes. Pour quatre-vingt-onze jours et pour quatre hommes, cela fait un total de 251 kilos. La base de nos repas consistera en biscuits et en pemmican. Nos biscuits ont été fabriqués avec de la farine de froment additionnée de 25 p. 100 de *plasmon* (préparation composée de lait séché). D'après l'analyse à laquelle ils ont été soumis, ils ne contiennent pas plus de 3 p. 100 d'eau. Le pemmican est composé de bœuf de première qualité, séché et pulvérisé, avec une addition de 60 p. 100 de graisse de bœuf. Sa teneur en eau est insignifiante. Dans les expéditions polaires, il importe que les aliments soient aussi peu hydratés que possible, afin de diminuer leur poids mort.

La nourriture des chevaux consistera en maïs et fourrage comprimé. La ration quotidienne de chaque cheval est de 4 kil. 500, et le poids total de l'approvisionnement pour la cavalerie s'élève à 405 kilos.

Nos bagages sont chargés sur quatre traîneaux de 3 m. 30 et solidement amarrés au moyen de courroies. Deux coffres installés aux extrémités de chaque véhicule renferment les instruments, l'huile, les lampes, les articles de pharmacie et de chirurgie et autres menus objets. Au couvercle de l'un d'eux est attaché le fourneau de cuisine.

En mon absence, Murray aura le commandement de la station. Je lui laisse des instructions pour toutes les éventualités possibles et imaginables. Il devra faciliter à Priestley l'étude géologique des pentes septentrionales de l'Erebus. D'autre part, au commencement de décembre, Armytage, Priestley, Brocklehurst établiront un dépôt pour l'escouade du Nord, puis exploreront les montagnes de l'Ouest. Toutes les observations scientifiques seront poursuivies régulièrement. En outre, des vivres devront être transportés à la Langue du Glacier et à la pointe de la Hutte pour le cas où une débâcle du sound Mac Murdo nous couperait la retraite vers les quartiers d'hiver.

Le 15 janvier, un groupe ira établir un dépôt au large de la colline Minna, afin de faciliter notre retraite vers le nord. Cette petite expédition sera dirigée par Joyce. Ce dépôt installé, il retournera à la pointe de la Hutte, y rechargera son traîneau, puis reviendra à la colline Minna nous y attendre jusqu'au 10 février. Si, à cette date, nous n'avons pas paru, Joyce ralliera la pointe de la Hutte et ensuite le navire. En cas de débâcle dans le sound Mac Murdo, le *Nimrod*, qui arrivera dans les derniers jours de décembre ou au commencement de janvier, ira surveiller le retour des escouades du Nord et de l'Ouest; il visitera notamment la pointe du Beurre, où il est convenu que ces groupes signaleront leur présence. Si le professeur David, Mawson et Mackay ne sont pas de retour le 1er février, le *Nimrod* fera route vers le port de Granite et recherchera dans ces parages les traces des explorateurs. Au cas où ces investigations seraient infructueuses, le navire les poussera au nord jusqu'au revers septentrional de la Barrière Drygalski, en serrant la côte de très près et en la fouillant. En tout cas, le 10 février au plus tard, le *Nimrod* devra rallier la station. A cette date, l'escouade du Sud n'a-t-elle pas encore reparu, le navire repartira à sa recherche en explorant de nouveau la côte. D'après mes prévisions, je ne rejoindrai pas la station avant la seconde semaine de février. A cette époque, les hommes demeurés aux quartiers d'hiver devront surveiller la Langue du Glacier entre midi et une heure du soir. Dans le cas où nous serions en détresse, nous ferions des signaux de ce point et à cette heure. Si la débâcle s'étendait au delà de la Langue du Glacier, le *Nimrod* irait jusqu'à la pointe de la Hutte, et de là des escouades partiraient à notre recherche. Entre temps, toutes les collections, tout l'outillage devront être embarqués.

Dans une expédition comme celle que je vais entreprendre toutes les éventualités doivent être prévues, y compris celle de ma disparition. Donc, j'ajoute aux instructions de Murray : « Si, le 25 février, je ne suis pas de retour, vous ferez débarquer du charbon et des provisions pour un an et pour sept hommes. Vous choisirez trois compagnons parmi les volontaires qui se présenteront pour un second hivernage. Si personne ne s'offre, ce qui me paraît improbable, vous désignerez vous-même ces trois hommes. Vous leur donnerez pour instructions de rechercher, l'été suivant, l'escouade du Sud sous le méridien 168°. Je laisse à votre initiative le choix de tous les moyens d'action. Au cas où j'aurais disparu et où J.-B. Adams reviendrait du Sud, je le charge du commandement de toute l'Expédition ; à cet effet, je lui laisse des instructions particulières. Si nous ne sommes pas de retour le 10 mars, c'est qu'il nous sera arrivé malheur. »

A la fin d'octobre, tout est paré pour le départ vers le Pôle. L'escouade de soutien qui doit nous accompagner pendant dix jours comprend : Joyce, Marston, Priestley, Armytage et Brocklehurst. Les derniers jours que nous demeurons aux quartiers d'hiver, le temps n'est guère beau ; néanmoins nombreux sont les indices de l'approche de l'été. Les poneys sont en bon état. Avant de nous mettre en route, nous expérimentons soigneusement le matériel, et nous nous assurons que tout fonctionne bien. Les soirées, nous les consacrons à écrire des lettres qui seront remises à nos parents, au cas où nous trouverions la mort dans la grande entreprise à laquelle nous nous sommes voués.

Pour notre départ, un temps magnifique. Un clair soleil luit dans un ciel sans nuage. Le voyage s'annonce donc sous d'heureux auspices. A 9 h. 30 du matin, l'escouade de soutien se met d'abord en marche avec l'auto halant les traîneaux ; bientôt elle est hors de vue. Une demi-heure plus tard, mes trois compagnons et moi suivons le mouvement. Enfin, après quatre années de préparatifs et d'efforts préliminaires, me voici sur la route du Pôle! Je prie Dieu de m'accorder la victoire, car je me suis donné tout entier à cette entreprise. Nous passons les premiers jours de notre voyage à nous concentrer, bêtes et gens, à la pointe de la Hutte, qui est notre vrai point de départ pour notre raid vers l'Extrême-Sud; et c'est le 3 novembre que nous la quittons pour nous lancer dans la grande aventure. Je ne crois pas pouvoir mieux faire que de reproduire ici les pages mêmes de mon journal:

3 Novembre. — Départ à neuf heures trente de la pointe de la Hutte. Notre poney *Quan* tire 299 kilos; *Grisi*, 278; *Socks* et *Chinaman*, 271 chacun. Cinq hommes halent 299 kilos, dont 69 représentent la nourriture des poneys. Journée radieuse. Neige terriblement molle ; les chevaux enfoncent profondément, parfois jusqu'au poitrail. Nous rallions les autres traîneaux à la jonction de la Barrière et de la banquise. Là, Brocklehurst nous photographie, avec le pavillon donné par la Reine, et les traîneaux pavoisés de leurs guidons.

A dix heures cinquante, nous abandonnons la banquise pour la Grande Barrière; sur le glacier, la neige porte encore moins que sur la glace de mer. Les chevaux tirent vigoureusement, et l'escouade de soutien travaille non moins ferme à hisser les traîneaux. Toutes les heures, les conducteurs des véhicules attelés relaient les hommes employés au halage. A une heure de l'après-midi, l'avant-garde avec les chevaux s'arrête pour la grande halte. On met au piquet les poneys, et bientôt le déjeuner est servi. Le menu comporte du thé, des biscuits et du fromage. A deux heures trente, départ. L'escouade de soutien se porte en avant, tandis que nous plions les tentes. Vers quatre heures, la piste devient par endroits meilleure. La mince croûte de glace qui recouvre la

VUE PRISE DU CAP BARNE, VERS LE NORD, DANS LA DIRECTION DU CAP ROYS. LA SURFACE DE GLACE UNIE A SERVI AU PRINTEMPS DE CHAMP D'ENTRAINEMENT AUX PONEYS.

nappe de neige ne se brise plus aussi souvent sous les pas des hommes. En revanche, la marche des poneys est toujours aussi pénible. Beau temps, légère brise du sud-est. Le poil des chevaux est parfaitement sec du côté exposé au vent, mais l'autre flanc est couvert d'une pellicule de sueur congelée. L'escouade de soutien qui hale les traîneaux avançant plus lentement que les poneys, j'ai pris la résolution de la renvoyer dans deux jours. Nous chargerons sur nos épaules le reste du fourrage que portent nos camarades. Demain, nous ferons un dépôt de 5o kilos environ d'huile et de vivres, ce qui allégera d'autant les traîneaux du second groupe. Campé à six heures du soir. Après avoir donné la pitance aux chevaux, dîner composé de pemmican, de biscuits, de cacao ; ensuite une excellente pipe, la suprême jouissance qu'un homme puisse goûter, après une pénible journée de halage. Le biscuit étant abondant, nous en donnons, après le dîner, une bonne portion à nos courageux petits chevaux. Pour le moment, ils se chauffent au soleil, par une température de — 10°, en grattant la neige. *Grisi* a déjà creusé un large trou. Toute la journée, route au sud-est, pour passer dans le nord de l'île Blanche et éviter ainsi les crevasses. Parcouru 19 kil. 6.

4 Novembre. — Beau temps, mais mauvaise lumière. Température — 12°,7. Nous portons des conserves vertes pour nous protéger contre la réverbération des neiges, dont nous commençons déjà à sentir les pernicieux effets. L'escouade de soutien, partie la première, garde son avance sur nous pendant toute la matinée. Brisant constamment le verglas qui recouvre la couche de neige superficielle, les poneys marchent aujourd'hui lentement. Au delà de l'île Blanche, piste encore plus mauvaise ; bêtes et gens n'avancent plus qu'au prix de grandes fatigues. Quoi qu'il en soit, à une heure de l'après-midi, nous avons couvert 15 kilomètres ;

sur ce parcours, l'escouade de secours n'a pas été relayée. Sa charge a été allégée, il est vrai, d'environ 45 kilos laissés hier au dépôt. Dans l'après-midi, la neige devient tout à fait molle ; à six heures du soir, à la fin de l'étape, les chevaux sont épuisés. En somme, comme ils ont parcouru 26 kilomètres, nous sommes contents d'eux. Après avoir fait route aujourd'hui dans l'est-sud-est pour éviter les crevasses voisines de l'île Blanche, demain nous ferons du sud-est. Ce soir des relèvements nous placent à 34 milles dans le sud du cap Royds. Tout va bien.

5 Novembre. — Au réveil, ce matin, temps couvert avec un peu de neige. Au nord, seulement quelques points de repère visibles ; au sud, la terre est entièrement cachée. La lumière est si mauvaise que les sastrugi ne peuvent être discernés qu'avec peine ; ces vagues de neige sont d'ailleurs peu nombreuses, une épaisse couche de neige fraîche recouvrant cette zone. Très mauvaise piste ; néanmoins, nous couvrons près de 15 kilomètres avant la grande halte de une heure à deux heures quinze du soir. Ensuite, marche également pénible. Après avoir fait du sud-est toute la matinée, nous devons modifier la route l'après-midi.

Soudain Marshall et son cheval ont les jambes prises dans une crevasse, mais ils parviennent à se dégager. A l'appel de mon camarade, j'arrive à la rescousse et pousse rapidement le traîneau hors du pont de neige qui recouvre la fente. Cette crevasse, large de o m. 90 et dont on ne voit pas le fond, est ouverte du nord-ouest au sud-est. En conséquence, j'incline aussitôt dans l'est. Un quart d'heure plus tard, Wild, Adams et Marshall culbutent dans une autre crevasse très étroite. Dans ces conditions, mieux vaut camper et attendre une éclaircie qui nous permettra de nous rendre compte de notre position actuelle. Il est trois heures de l'après-midi. Le compteur du traîneau marque 15 kil. 5. Une heure plus tard, le vent commence à souffler en tourmente. Quel ennui d'être ainsi retenu ; aussi combien je souhaite qu'il fasse beau demain ! Les chevaux, eux, ne se plaignent pas de ce repos forcé.

6 Novembre. — Violent blizzard d'entre sud et ouest. Demeurés toute la journée dans nos sacs de couchage, sauf le temps de donner à manger aux chevaux. Combien énervant est un pareil retard ! On consomme des vivres sans résultat ; à eux seuls les chevaux mangent 18 kilos par jour ! Nous nous mettons, nous, à la ration congrue de deux biscuits. Si nous voulons atteindre le but, il faudra nous serrer le ventre les jours où la tempête nous obligera à l'immobilité. Nous avons des vivres pour quatre-vingt-onze jours, mais une sage économie dans notre ménage peut les faire durer cent dix. Si ce laps de temps ne nous suffit pas pour accomplir notre tâche, c'est que ce sera la volonté de Dieu !

Quan et *Chinaman* dévorent leur pitance, *Socks* et *Grisi* semblent avoir moins d'appétit. Avec le plus grand calme ils supportent la tempête, la croupe tournée du côté du vent ; pourtant, par instants, le chasse-neige est si épais que, des tentes, nous n'apercevons pas les chevaux. Autour de nos abris, le vent amoncelle la neige en énormes monticules et recouvre les traîneaux d'une couche épaisse. Ce soir, vers cinq heures trente, le temps s'est un peu éclairci et le vent est tombé. A six heures, l'île Blanche et le Bluff sont visibles. Cela me fait espérer la fin du mauvais temps. Toute la journée, le baromètre est resté stationnaire à 28,60. Température — 7°,7 ; on a, par suite, une impression de chaleur.

Voici quatre jours que nous avons quitté la pointe de la Hutte, et nous n'avons fait que 32 kilomètres vers le sud ! Si nous voulons tirer des poneys le meilleur parti possible, il nous faut avancer plus rapidement ; car, si nous pouvons, nous, nous rationner, il n'en est pas de même pour eux.

7 Novembre. — Encore une journée perdue ! Lever à cinq heures du matin, puis déjeuner. Nous extrayons les traîneaux de l'épaisse couche de neige dont la tempête les a couverts et examinons soigneusement leurs patins. Ils sont en excellent état. Cette besogne, pour laquelle l'escouade de secours nous prête son concours, nous mène jusqu'à huit heures trente. Peu après, nous faisons nos adieux à ceux de nos camarades qui nous ont accompagnés jusqu'ici et doivent rallier les quartiers d'hiver.

Temps couvert et bouché. Pas de vent. En arrière, on aperçoit une partie de l'île Blanche et la Colline de l'Observatoire ; en revanche, en avant, un mur d'ouate blanche ; rien pour nous guider, pas même un nuage de forme particulière ! Presque immédiatement après le départ, rencontré une crevasse ; 800 mètres plus loin, nous arrivons dans une zone toute fissurée. Impossible de distinguer de loin les fentes : leur existence ne nous est révélée que lorsqu'un cheval ou un conducteur crèvent les ponts qui les recouvrent. La première crevasse traversée par Marshall avec *Grisi* mesure une largeur de 1 m. 80 et est très profonde. Quelques instants après, trompé par la lumière incertaine qui perce à travers la nuée, je m'arrête brusquement, croyant me trouver sur le bord d'un autre gouffre. Or je m'aperçois que je me trouve juste au milieu du pont, à l'endroit le plus fragile. Rapidement je dételle *Quan* et lui fais traverser la zone dangereuse, puis je mets en sûreté le précieux traîneau, chargé de trois mois de vivres.

Quelle mauvaise étape ! à peine 1 kilomètre et demi ! A une heure de l'après-midi, il commence à neiger et le vent se lève du sud-ouest, en soulevant des tourbillons. Nous dressons alors la seconde tente et déjeunons d'une tasse de thé, d'un peu de chocolat et de deux biscuits chaçun. Température à midi : — 11°,1. Dans l'après-midi, un peu de vent ; j'espère donc trouver un temps clair au delà de cette bande morte de strates blancs qui nous a arrêtés ce matin. Les chevaux semblent très en forme, et nous sommes condamnés à l'inaction ! Cependant *Grisi* et *Socks* ont mangé sans appétit aujour-

L'ESCOUADE DU SUD EN ROUTE VERS L'INCONNU.

d'hui. Ce soir, température — 12°,7 ; les poneys semblent avoir froid. A quelle rude épreuve cet arrêt met notre patience ! Demeurer inactif et se dire que chaque bouchée que l'on avale durant ces jours d'immobilité diminue d'autant les chances de victoire.

Depuis que l'escouade de soutien est partie, nous sommes abandonnés à nous-mêmes et à nos propres ressources. Les tentes sont d'ailleurs plus confortables maintenant que nous ne sommes plus que deux par abri. Adams habite avec moi, Marshall et Wild occupent l'autre tente. Wild est cuisinier cette semaine ; pendant cette période, sa tente sert de cuisine et de salle à manger. La semaine prochaine, Adams tiendra la queue de la poêle ; la cuisine se fera chez moi. A tour de rôle également l'un de nous a la charge d'établir le campement. Pendant ces arrêts forcés, nous nous absorbons dans la lecture. Je lis *la Mégère apprivoisée*. J'ai les *Comédies* de Shakespeare ; Marshall possède la *Bible en Espagne*, de Borrow ; Adams, les *Voyages en France*, d'Arthur Young, et Wild les *Esquisses*, de Boz. Nous nous passerons chacun nos livres lorsque nous les aurons achevés. La provision de tabac est peu copieuse et, par des journées comme celles-ci, elle diminue rapidement ; une pipe est, en effet, le meilleur remède contre l'ennui et le découragement. Pour économiser mes cigarettes, mon seul luxe, je fabrique aujourd'hui un porte-cigarette avec une tige de bambou ; cela me permettra de les fumer jusqu'au bout et d'éviter le contact du papier avec mes lèvres, qui commencent à être crevassées.

Par les jours blancs, la marche sur un glacier ou sur la neige présente de grandes difficultés. Lorsque la lumière est diffusée par la brume, aucune ombre ne se projette sur la surface blanche, laquelle prend, par suite, une apparence unie. En outre, les yeux éprouvent une grande fatigue. C'est précisément lorsque le soleil est caché et le temps bouché que l'ophtalmie est la plus fréquente. Cette affection, qui nous éprouva tous, est très douloureuse. Elle débute comme un rhume de cerveau; le nez coule, puis on voit double, ensuite trouble. D'autres symptômes plus douloureux se produisent ultérieurement. Les vaisseaux sanguins gonflent, et vous avez l'impression d'avoir du sable sous les papières. Les yeux pleurent abondamment et se ferment. Le meilleur remède est une goutte de cocaïne dans l'œil, et ensuite l'application d'un puissant astringent, tel que le sulfate de zinc, qui réduit la dilatation des vaisseaux sanguins. Le seul moyen de se préserver est de porter toujours des conserves composées de verres rouge et vert qui donnent au paysage une teinte jaune. Elles préservent les yeux de la réverbération et arrêtent les redoutables rayons violets. Malheureusement, dès que l'on transpire, les verres se couvrent de buée; à chaque instant, il faut les retirer pour les essuyer; la réverbération vous aveugle alors immédiatement, si bien que vous devez vous tapir sous les tentes, faites d'une étoffe verte, pour reposer la vue.

8 Novembre. — Tourmente de neige. Encore une journée entière perdue. A midi — 13°,3. Si le vent avait soufflé en ouragan, le beau temps serait revenu plus rapidement! A quelle épreuve notre patience n'est-elle pas mise! Le soir, éclaircie. Nous découvrons alors que le camp a été établi au milieu d'un labyrinthe de crevasses. Une des tentes est plantée sur le bord même d'un de ces gouffres. Dîner chaud : pemmican, *emergency ration* (ragoût de lard et de petits pois très concentré) et cacao, car à rester ainsi douze à treize heures sans rien prendre de chaud, sous la tente et par cette température, on finit par être transi. Si seulement nous pouvions repartir et faire quelques bonnes étapes, combien nous serions heureux! De nos quartiers d'hiver au Pôle, il y a, à vol d'oiseau, 1 206 kilomètres; actuellement nous n'en avons couvert que 82. Tout finira pour le mieux, j'aime à le croire. En tout cas, l'explorateur polaire doit posséder une bonne dose de patience.

9 Novembre. — Au réveil, à quatre heures trente, ciel calme et clair, combien différent de celui de ces quatre derniers jours ! A cinq heures déjeuner, puis nous travaillons à déterrer les traîneaux ensevelis sous la neige. Après quoi nous partons à la recherche d'un passage à travers le dédale des crevasses qui nous entoure; toutes sont couvertes; seulement, en sondant la neige à l'aide des piolets, il est possible de les reconnaître. Il y en a de toutes dimensions, depuis les fentes que l'on peut enjamber jusqu'aux abîmes sans fond. La direction générale de ces crevasses est sud-est-nord-ouest; quelques-unes seulement s'incurvent vers le sud, d'autres vers l'est. D'une façon ou d'une autre, il faut arriver à franchir cette zone dangereuse ; aussi remettant notre sort entre les mains de la Providence, à huit heures trente du matin, nous partons avec les traîneaux. Fatigués par le blizzard, les chevaux tirent mal. Après quelques crevasses heureusement franchies, voici que soudain *Chinaman* s'affaisse dans un gouffre ouvert parallèle-ment à notre route. Sans succès, Adams essaie de l'en tirer. Wild et moi, nous accourons alors à la rescousse et réussissons à remonter le traîneau. Après quoi, dégagé, *Chinaman* parvient à prendre pied sur de la glace solide. Il était temps. Un mètre de plus, c'en était fait de notre voyage au Pôle Sud. Un mètre plus bas, en effet, la crevasse s'élargissait, et tout était englouti, le conducteur, le cheval, le traîneau chargé de vivres, des ustensiles de cuisine, de la moitié de notre provision d'huile. Souvent, c'est au moment où la situa-tion paraît désespérée qu'elle s'éclaire ; après cette alerte, la piste devient moins semée de chausse-trapes, et bientôt nous pouvons avancer rapidement, malgré de temps en temps des nappes de neige poudreuse.

L'après-midi, le terrain devient encore meilleur. A six heures du soir, nous campons, après une étape de 23 kilomètres. Le Bluff apparaît très distinctement et, derrière nous, par un effet de réfraction, le Roc du Château. L'île Blanche est également visible. En revanche, un stratus cache les monts Erebus, Terror et Discovery. A six heures trente du soir, pendant environ cinq secondes, un roulement sourd semblant venir de l'est fait vibrer l'air et la glace. Il ressemble à une décharge de gros canons. Peut-être ce bruit est-il déterminé par un velage grandiose de la Barrière. Le phénomène a dû se passer à 80 kilomètres au moins du point où nous nous trouvons. C'était alarmant, pour ne pas dire plus. Comme je le sus plus tard, ce grondement ne fut pas observé à la station : suivant toute vraisemblance : le relief formé par les monts Erebus et Terror avait intercepté le son. La Grande Barrière « vele » dans des dimensions colossales. La complète disparition de l'inlet de la Barrière, à l'endroit où je m'étais proposé d'établir les quartiers d'hiver, le prouve. De plus, c'est de la Grande Barrière, comme de tous les autres appareils glaciaires du même genre existant à la périphérie du continent antarctique, que proviennent les larges icebergs tabulaires qui dérivent dans l'Océan polaire austral. Au contact de l'eau libre, des fractures s'ouvrent à travers la masse rigide du glacier et peu à peu s'étendent jusqu'à ce qu'un fragment de la Barrière se détache et devienne un iceberg ou une série d'icebergs, que les courants et les vents entraînent vers le nord. Au moment où nous entendîmes ce grondement, vu la distance où nous étions de la lisière de la Barrière, le velage a dû être considérable.

CHAPITRE V

SUR LA GRANDE BARRIÈRE

Journal de route, du 10 au 18 décembre 1908 : Temps superbe. ‖ Appétit excellent. ‖ Piste molle et *sastrugi*. ‖ Arrivée au dépôt A. ‖ Montagnes a l'horizon. ‖ Arrivée au dépôt B. ‖ Une terre nouvelle. ‖ Par 82° 18′ 30″ ; records battus. ‖ « Quan » est abattu. ‖ Ascension d'un pic élevé. ‖ Sur un glacier dangereux. ‖ Accident de Wild. ‖ Gouffres et cavernes insondables. Rudes étapes par temps clair.

10 Novembre. — Piste ferme, mais mauvais éclairage, d'où culbutes fréquentes sur les sastrugi. Impatienté par ces chutes, j'enlève mes lunettes ; je paie cette imprudence par un commencement d'ophtalmie. Dans la matinée, la terre située dans l'ouest devient plus distincte. Bon terrain. A la halte du déjeuner, nous avons déjà parcouru 15 kil. 2. Sauf *Quan*, les chevaux éprouvent les bons effets de leurs rations Maujee (préparation à base de maïs). Dans l'après-midi, neige molle ; mais, une couche tassée se trouvant en dessous, les chevaux enfoncent seulement de la hauteur de leurs sabots. A six heures du soir, fin de l'étape ; aujourd'hui, 25 kil. 5. Dans la soirée, le soleil se montre ; nous en profitons pour faire sécher nos sacs-lits. Aujourd'hui, la température était de — 16° le matin, de — 11° à midi, de — 15° à huit heures. Ce soir, léger vent du nord. J'espère apercevoir bientôt l'Erebus. Les relèvements nous placent à 96 kilomètres au nord du dépôt, renfermant 75 kilos de fourrages.

11 Novembre. — Départ à huit heures quarante du matin. Pendant la nuit, le thermomètre est descendu très bas; au réveil, il marque — 24°,4. Nos chaussures et nos vêtements sont gelés. De plus il faut décharger les traîneaux pour débarrasser leurs patins de la couche de glace qui, durant la nuit, s'est formée sur leur face inférieure. Piste terriblement molle; en dessous, il y a par places des sastrugi très durs. Vers onze heures, *Quan* commence à boiter; il a dû se blesser contre une de ces vagues de neige. Ce n'est heureusement qu'une fausse alerte, bientôt cette boiterie s'atténue; à la halte du déjeuner, elle a presque disparu. Pendant la nuit, la neige botte sous les sabots des chevaux et, chaque matin, nous devons les gratter.

Cet après-midi, la couche de neige superficielle est moins épaisse que d'habitude; aussi nous avançons rapidement. Le Bluff se trouve maintenant à 25 kilomètres dans le nord-ouest. Un énorme panache de fumée sorti de l'Erebus s'étend dans le sud-ouest, au delà du mont Discovery, soit à 96 kilomètres du cratère. A six heures trente du soir, campement, après une étape de 24 kilomètres. Nous sommes à 75 kilomètres du dépôt A. J'espère que le temps se maintiendra au beau jusqu'à ce que nous y soyons arrivés. Ce soir, — 22°,7. Par une pareille température, on n'a pas bien chaud en écrivant un journal de route. La terre dans le sud-sud-ouest est admirablement claire.

13 Novembre. — Une violente crise d'ophtalmie m'a interdit hier d'écrire mon journal. Ce soir encore, je vois à peine. Hier, comme aujourd'hui, nous avons parcouru 24 kilomètres. Beau temps, mais température basse : — 24°,4. Les yeux de mes camarades vont bien. Wild, qui a eu une atteinte d'ophtalmie, est mieux aujourd'hui. Tout l'après-midi d'hier, bien que j'eusse porté des lunettes, mes yeux pleuraient, et comme il faisait très froid, ces larmes se congelaient dans ma barbe. Malgré ces misères, comme le temps est superbe, nous sommes enchantés de notre sort. L'appétit est d'ailleurs excellent, trop même, puisque nous sommes à la demi-ration. Lorsque les poneys faibliront, nous les abattrons et nous aurons alors un supplément de viande ; j'espère arriver demain soir au dépôt A. Ce sera un soulagement, car je crains toujours de ne pouvoir discerner cette petite tache au milieu de l'immensité blanche.

14 Novembre. — Encore une belle journée, mais température très basse (— 21°,6 à six heures du matin). Toute la matinée, nous avançons le dos au soleil avec un vent glacial dans le nez. Les chevaux tirent avec entrain. A midi, halte pour opérer des relèvements et déterminer la latitude. Un incident imprévu survenu l'après-midi nous empêchera d'arriver ce soir ou demain matin en vue du dépôt. Pendant une pause, nous nous apercevons que le bidon de pétrole est tombé du traîneau. Adams part à sa recherche et ne le retrouve qu'au bout de 5 kilomètres.

A six heures, campé. Après le dîner, nous étions occupés à porter le point sur la carte, lorsque Wild, qui examinait l'horizon avec la jumelle, aperçoit le dépôt. D'un bond, nous le rejoignons. A la lunette, on voit, en effet, distinctement le pavillon et le traîneau. Nous trouverons là la valeur de quatre jours de fourrage pour les chevaux et 5 litres de pétrole pour nous. Après cette importante découverte, nous dormirons mieux cette nuit. Dans cette région, la surface de la Barrière est accidentée de sastrugi arrondis, très saillants, orientés ouest-sud-ouest, est-nord-ouest, et séparés par des nappes de neige molle. Jamais deux jours de suite la piste ne présente les mêmes conditions. Ce glacier est changeant comme la mer.

15 Novembre. — Encore une belle journée. Partis à 8 heures du matin, nous arrivons au dépôt une heure vingt plus tard. Il est en parfait état. Le pavillon flotte mollement, agité par une légère brise de sud-ouest. Sans tarder, nous procédons à la redistribution des charges et au choix des approvisionnements que nous devons laisser. Nous déposons ici trois jours de vivres économisés depuis le départ et qui, au retour, nous serviront à regagner le Bluff; nous abandonnons également 2 litres de pétrole et diverses friandises destinées à la Noël, mais qui sont trop lourdes pour être emportées. Nous ne devons pas augmenter nos charges d'un gramme d'objets superflus. En revanche, nous prenons le maïs. Les chevaux marchent bien. Dans le courant de la journée, la piste est formée d'une couche de neige épaisse recouverte d'une croûte de glace et accidentée de longs sastrugi. A six heures du soir, campé après avoir parcouru 20 kilomètres.

Le ciel est rayé à une très grande hauteur par de légers nuages lumineux stratiformes, les premiers que nous voyons depuis près d'une semaine. A neuf heures du soir, le soleil est encore très chaud; le thermomètre marque cependant —18°,8. Désormais, sur l'emplacement de chaque campement, nous élèverons un monticule de neige, afin de jalonner notre itinéaire. Nos divers camps n'étant éloignés que de 11 kilomètres, ces amers seront très utiles pendant la retraite. Le mystère de la Barrière est l'objet de nos constantes préoccupations. Que trouverons-nous dans la zone inconnue de l'Extrême-Sud? Si tout va bien, peut-être y arriverons-nous dans une quinzaine.

16 Novembre. — Départ par un temps radieux. Température : —25°; dans la nuit, elle est descendue à — 31°,6. Les chevaux tirent admirablement. Le mirage donne aux montagnes de l'Ouest l'aspect de châteaux fantastiques. Le Bluff, encore visible, ressemble à un donjon gigantesque. Avant de lever le camp, nous érigeons sur un sastrugi une butte de neige, haute de 1 m.80, destinée à guider notre retraite au milieu de cette uniformité blanche. A une distance de 4 kilomètres, elle est encore visible.

AU-DESSUS DU DÉPOT DU BASSIN SUPÉRIEUR DU GLACIER. — PENTE DE GLACE SUR LAQUELLE
ON APERÇOIT DES LIGNES DE STRATIFICATION.

MONTAGNES DU BASSIN SUPÉRIEUR DU GLACIER, OU FUT TROUVÉ DU CHARBON.

17 Novembre. — Jour gris ; toutefois dans le nord les montagnes restent visibles jusqu'à midi. A midi, temps bouché et mauvais éclairage ; nous avons l'impression de marcher vers un mur blanc. Je guide la colonne de midi à une heure et du déjeuner jusqu'à six heures du soir. Il fait si sombre que nous nous écartons souvent de la route et que fréquemment des haltes sont nécessaires pour consulter la boussole et nous remettre dans le droit chemin. Longueur de l'étape : 25 kil. 9, et cela sur un mauvais terrain. La surface du glacier présente ici la même constitution que celle observée dans notre précédente expédition : des couches de neige avec verglas à la surface, épaisses de 0 m. 15, séparées par des chambres à air. Malgré les difficultés de cette piste, les poneys font bonne route.

18 Novembre. — Temps clair. Dans la matinée, neige venant du sud, ensuite toute la journée, beau soleil. Terrain abominable. Nous avons l'impression d'être arrivés dans une zone de calmes où la neige demeure sur place. Nous enfonçons jusqu'aux chevilles, et nos pauvres chevaux peinent terriblement. A chaque pas ils crèvent la voûte superficielle dure, enfoncent dans la neige poudreuse sous-jacente, et ensuite doivent retirer leurs sabots du trou qu'ils ont fait. *Chinaman* semble le plus éprouvé et avance lentement. Le frottement de la glace lui a écorché les boulets ; nous l'abattrons au prochain dépôt, c'est-à-dire dans trois jours. En vérité, ces animaux ont un singulier caractère. Bien qu'ils aient chaque jour d'abondantes rations, ils leur préfèrent de vieux morceaux de cordes.

Quoique nous ne soyons qu'au début du voyage, nos rations nous semblent singulièrement maigres. Qu'adviendra-t-il plus tard, lorsque nous serons vraiment affamés ? J'ai déjà connu la faim, lors de ma première expédition. Bientôt, à leur tour, mes compagnons feront l'expérience de cette torture.

AU CŒUR DE L'ANTARCTIQUE

19 Novembre. — Fraîche brise du sud et chasse-neige. Toute la journée, température — 16°,6. Très mauvais terrain. A chaque pas les poneys enfoncent de 20 à 25 centimètres. Cela peut paraître insignifiant, mais poursuivre pendant plusieurs heures cet exercice devient épuisant pour la bête comme pour son conducteur, qui la retient par la bride pour l'empêcher de butter. En dépit de tout, en dix heures de route, nous couvrons 24 kil. 3. A l'arrivée au bivouac, nous avons tous la barbe et le visage couverts de glace et la coiffure collée sur la tête par un ciment glacé. A midi, nous étions par 80°,32 de latitude sud. A tort, je croyais être arrivé dans la zone de calme. Ici, partout des sastrugi orientés nord-sud. La neige pulvérulente, chassée par le vent, forme des monceaux constitués de très petits grains, que les traîneaux escaladent péniblement.

20 Novembre. — Temps triste et couvert. Un peu plus tard, le soleil paraît; dès lors, nous pouvons nous diriger plus sûrement. Jamais encore la neige n'a été aussi molle. Néanmoins, nous parcourons 24 kil. 8. A la fin de la journée, le terrain devient meilleur. Tous ces détails sur la nature de la piste paraissent peut-être fastidieux, mais la qualité de la neige était pour nous un facteur d'une importance capitale. Quel terrain rencontrerons-nous plus loin dans le sud ? Cette question occupe toutes nos pensées.

Cette immense plaine de glace et de neige est étrange, différente de tout ce qui existe ailleurs dans le monde. Lorsque de lourdes pannes de nuages s'élèvent d'un point de l'horizon et passent silencieusement au-dessus de nous, sans que nous ressentions la moindre brise, nous éprouvons une sensation inexprimable. Puis, tout d'un coup, un léger souffle nous caresse venant tantôt du nord, tantôt du sud, tantôt de l'est ou de l'ouest ; les mouvements de l'air ne semblent obéir à aucune loi. On a bien l'impression d'être à l'extrémité du monde et d'arriver dans la zone d'enfantement de tous les vents. Et il vous semble que vous soyez observé d'un œil jaloux par toutes les forces de la nature. Pour augmenter ces impressions de rêve, ce soir le soleil est entouré d'un halo teinté des couleurs de l'arc-en-ciel... Nous sommes tous très fatigués. Wild se sent même indisposé. Une bonne nuit le remettra. Les poneys sont en forme, sauf le pauvre *Chinaman*. Il ne peut plus suivre ; l'étape d'aujourd'hui l'a achevé ; demain nous l'abattrons. Température — 17°,8.

21 Novembre. — Toute la matinée, temps bouché. Le vent chasse devant lui une pluie de petits cristaux de glace; par suite, à midi, impossible de prendre une hauteur solaire. Campé à midi trente, juste au moment d'une éclaircie. Nous apercevons alors la base des montagnes à droite ; les sommets demeurant cachés, nous ne pouvons déterminer notre position. Aujourd'hui, parcouru 24 kil. 5. Nous avons dépassé le 81ᵉ parallèle. Donc en bonne voie vers la terre promise.

Voici notre second dépôt. Nous y laissons 36 kilos de viande de cheval, une boîte de biscuits de 12 kilos, du sucre, une bonbonne d'huile. Au retour, ces approvisionnements nous permettront d'atteindre le dépôt A. Nous procédons à une nouvelle répartition des charges entre les trois poneys survivants, au paquetage, puis au dépeçage de *Chinaman*; autant de besognes longues et pénibles en raison du froid. L'abatage d'un poney n'est pas précisément agréable. Nous nous consolons en pensant qu'il a toujours été bien traité et bien nourri et que la mort sans douleur sera pour lui la délivrance. Pour ces exécutions, nous dressons une murette de neige sous le vent du camp, afin qu'aucune odeur de sang frais ne parvienne aux camarades de la victime. D'ailleurs les survivants ne témoignent jamais d'aucun émoi devant ces préparatifs. La détonation du revolver n'attire même pas leur attention. Une seule balle et la bête tombe raide. On lui tranche ensuite immédiatement la gorge pour que le sang puisse s'écouler. Après quoi Marshall et Wild écorchent l'animal ; nous ne conservons que les gigots, les épaules et le dos.

22 Novembre. — Aujourd'hui, grand événement ! Nous distinguons dans le sud une terre nouvelle, une terre qui n'a jamais encore été vue. C'est un haut relief neigeux situé au delà du mont Longstaff, plus loin dans l'intérieur que le mont Markham. Dans l'après-midi, route un peu à l'est du sud. A six heures du soir, campé après une étape de 24 kil. 3. Beau résultat en raison des lourdes charges traînées par les poneys ; nous les alimentons, il est vrai, copieusement. A midi, la halte a été plus longue que d'habitude en raison d'une opération dentaire. Nous avons essayé d'enlever à Adams une dent qui le fait souffrir cruellement. Faute des instruments nécessaires, nos efforts n'aboutissent qu'à la casser, ce qui est loin de soulager le patient.

23 Novembre. — Aujourd'hui, l'étape la plus longue que nous ayons fournie : 28 kil. 8. Le temps était d'ailleurs favorable pour la marche, avec une fraîche brise de sud et un soleil légèrement voilé. Les poneys ont été superbes de vaillance ; le terrain devient meilleur.

A mesure que nous avançons, les pics Longstaff et Markham montent de plus en plus au-dessus de l'horizon. Du point où nous le voyons aujourd'hui, le premier présente plusieurs pointes très aiguës ; vers le sud, la terre n'est qu'un hérissement de pitons jusqu'ici vierges de tout regard humain. Quoique fatigué de cette longue étape, et sans appétit, Wild assure se trouver mieux ce soir. Au déjeuner, il a pris une tasse d'*Oxo*, qui le soutint tout l'après-midi. Marshall a réussi à arracher la dent d'Adams. Notre camarade pourra enfin manger de la viande de cheval. Pour le dîner, nous avons justement une friture ; cela nous fait économiser nos autres provisions, excepté les biscuits et le cacao.

24 Novembre. — Brise légère ; dans la journée, elle force, et le soir, à l'arrivée au bivouac, elle souffle en ouragan. En même temps la température monte à — 8°,3. Chassée par le vent, la neige pénètre dans nos abris, et tout le couchage devient humide. Les chevaux ont été admirables ; malgré une neige molle, nous avons parcouru 27 kil. 9. La surface de la Barrière est aussi unie qu'un tapis de billard, pas la moindre pente ! Si cet immense glacier demeure uniforme, il n'en est pas de même des montagnes qui le bordent. A chaque kilomètre en avant, se découvrent de nouvelles terres, formées pour la plupart de hautes cimes, dont nous ne pouvons encore évaluer l'altitude. En tout cas, elles passent certainement 3 000 mètres.

25 Novembre. — Pendant la nuit, le vent est tombé. Au réveil, les tentes sont enfouies sous des monceaux de neige entassés par le blizzard. Horizon voilé ; c'est seulement vers le soir que la côte devient visible. Elle semble formée d'inlets et de caps ; la haute chaîne de montagnes s'étend vers le sud, en s'incurvant légèrement vers l'est. Le mauvais état de la neige rend la marche très fatigante ; elle ne porte pas et butte. Sans trop d'efforts, les poneys ont cependant fourni une traite de 28 kil. 8.

26 Novembre. — Journée inoubliable : après avoir marché tout le jour sur une piste molle, par une température presque chaude (— 7°), nous avons franchi le parallèle que l'homme n'avait point encore dépassé vers le sud ; nous sommes par 82° 18′ 30″ sous le 168° de longitude est. Nous avons atteint cette latitude en beaucoup moins de temps qu'en 1902, avec le capitaine Scott. Nous avons célébré notre victoire sur le précédent record en vidant un minuscule flacon de curaçao ; la part de chacun ne dépasse pas deux cuillers à thé ; après cela, avant de nous coucher, nous fumons et taillons une bavette.

27 Novembre. — Toute la journée surgissent des montagnes

inconnues. De plus en plus elles inclinent vers l'est ; peut-être sera-t-il nécessaire de modifier notre route vers le sud. Ces reliefs sont heureusement encore loin. A quoi bon s'inquiéter à l'avance ! Les chevaux sont, je crois, fatigués eux aussi de la monotonie de cette plaine. Pauvres bêtes, elles ignorent heureusement le sort qui les attend. Le thermomètre, qui dans la journée est monté à — 5°,5, descend ce soir à — 10°,5. Dans l'après-midi, nous avons profité du soleil pour faire sécher les sacs et dégeler la viande de cheval. Souhaitons que cette viande nous préserve du scorbut.

28 Novembre. — Temps radieux. Neige très molle ; les chevaux enfoncent à chaque pas ; en revanche, les traîneaux glissent bien. Température variant de — 8°,3 à — 6°,6. A midi, latitude observée : 82°38′. Traversé de longues ondulations s'élevant à des intervalles de 2400 mètres avec des pentes d'environ 1 p. 100. Leur existence nous a été révélée par la disparition subite du tertre de neige élevé ce matin pour marquer l'emplacement du camp après un parcours de seulement 400 mètres. Dans la matinée, brise froide ; pendant l'après-midi, le temps se réchauffe. Marshall, ainsi que deux poneys, souffre d'ophtalmie. Au bivouac, nous abattons *Grisi*, qui est fourbu et à moitié aveugle. Nous laisserons ici un nouveau dépôt (dépôt C), formé avec la viande de ce poney, des vivres et de l'huile pour une semaine, bref les approvisionnements nécessaires pour atteindre au retour le dépôt B. Demain, nous partirons avec neuf semaines de vivres, soit un poids de 543 kilos.

Encore de nouvelles montagnes dans le sud-est. En même temps dans l'ouest apparaissent d'énormes pics, dont l'altitude doit varier entre 3 000 et 4 500 mètres. Cette terre paraît constituée par un entassement de crêtes très élevées. Les dépressions qui séparent les ondulations de la Barrière nous imposent de terribles fatigues. Dans la neige molle qui les remplit, les poneys enfoncent parfois jusqu'au ventre, et les traîneaux ne peuvent être déhalés qu'au prix d'efforts épuisants : les chevaux sont à bout, notamment le vieux *Quan*. Aujourd'hui, étape de 23 kilomètres : chaque kilomètre parcouru est un gain sur l'inconnu. En moins d'un mois, nous nous sommes rapprochés de 482 kilomètres du but final.

30 Novembre. — *Quan* tient à peine debout. De plus, la pauvre bête est aveugle, comme d'ailleurs *Socks*. Pour protéger les chevaux contre la réverbération de la neige, nous fixons des espèces d'écrans autour de leurs yeux. A tour de rôle, toutes les heures, nous nous relayons deux par deux pour aider au halage du traîneau de *Quan*. Marche très lente : l'état d'épuisement de *Quan* nous oblige à camper. Les chevaux ne mangent pas entièrement l'abondante pitance que nous leur avons donnée afin de les remettre sur pied. Aujourd'hui encore, une terre nouvelle devient visible dans le sud. Il est maintenant évident que ces montagnes s'étendent dans l'est et que nous devrons les escalader pour poursuivre notre route vers le Pôle. Pourvu seulement que les poneys puissent aller jusqu'au prochain dépôt que nous comptons établir par 84° de latitude sud !

Belle soirée calme et claire. Jusqu'ici, nous avons été singulièrement favorisés par le temps. Grâce à cette circonstance, Marshall a pu prendre tous les relèvements nécessaires à l'établissement de la carte de ces terres vierges. Notre petite troupe est en excellente santé et notre appétit devient féroce. C'est inquiétant pour l'avenir.

1er Décembre. — Nous abattons *Quan*. La pauvre bête était complètement fourbue. C'est pour moi un véritable chagrin. Malgré son caractère fantasque, je l'aimais à cause de sa vive intelligence. Il ne nous reste qu'un cheval, et nous ne sommes qu'à 83° 16′ de latitude sud. Droit devant nous, la terrre s'étend vers l'est, traversée par une longue ligne blanche qui paraît être une nouvelle Grande Barrière. Également en avant de notre route, mais plus près, on entrevoit une surface blanche très accidentée, comme si le glacier était hérissé de crêtes de pression. Il semble que nous touchions à la fin de la Barrière et au seuil d'une terre nouvelle... Nos menus sont maintenant composés presque uniquement de cheval. Lorsque nous sommes altérés par une marche en plein soleil, nous nous rafraîchissons en suçant une tranche de cette viande gelée. Aujourd'hui, pendant quelque temps, il souffle une légère brise froide qui nous glace sur le dos les vêtements trempés de sueur. Malgré les lunettes, journée très pénible pour les yeux. Pas un nuage au ciel ! A la surface de la Barrière, étincellent des millions de petits cristaux de glace ; ils forment une nappe différente de la couche de neige habituelle.

Encore de nouveaux pics. La carte s'augmente sans cesse de chaînes jusque-là inconnues. Un instant nous nous absorbons dans la contemplation de ce spectacle grandiose ; puis, tenaillés par la faim, nous rêvons de choses moins nobles. Nous nous amusons à élaborer le menu du repas que nous ferions si nous nous trouvions transportés soudain dans un bon restaurant. Mais il faut nous habituer à l'abstinence ; ce sera notre régime pendant trois mois encore.

2 Décembre. — Tous les quatre, nous halons un traîneau, suivis par *Socks*, qui tire le second. Il accorde son pas avec le nôtre, et tout se passe à merveille, en dépit d'une neige très molle. Sous un soleil tombant d'aplomb sur nos têtes, nous transpirons abondamment, quoique vêtus seulement d'une chemise et d'un pyjama ; en revanche, piétinant constamment dans la neige, nous avons les pieds glacés.

Au déjeuner, nous reconnaissons que la région accidentée

LES PONEYS ENTRAVÉS POUR LA NUIT.

LE DÉPOT DE LA COLLINE MINNA.

aperçue la veille en avant de notre route est formée d'énormes
monticules de pression avec de larges crevasses. Cette zone disloquée s'étend dans l'est ; par suite, impossible de continuer plus loin
vers le sud, sur la Barrière. Aussi, après le déjeuner, nous nous
dirigeons vers la terre située dans notre sud-est. A six heures du
soir, nous en sommes tout près. Il y a là un sommet rouge, haut
de 900 mètres, que nous escaladerons demain pour avoir une
vue d'ensemble sur le pays. Ensuite, nous tâcherons de gravir,
avec notre dernier poney, un glacier voisin pour atteindre l'*inlandsis* et ensuite le Pôle, si tout va bien. Le temps est pour nous
singulièrement précieux et les provisions encore plus. Il faut que
nous trouvions une route facile à travers les montagnes. Parcouru
aujourd'hui 19 kilomètres ; excellent résultat, étant donné que
chacun de nous hale 81 kilos et que le terrain a été détestable.
Toujours beau temps.

4 Décembre. — Une nouvelle attaque d'ophtalmie m'a empêché
d'écrire hier le journal ; ça devient inquiétant. Aujourd'hui,
ascension d'un pic d'où la vue embrasse le glacier que nous
devrons remonter et qui rejoint la Barrière. Vers le sud, il s'allonge
sur une énorme distance et paraît descendre d'un inlandsis. Dans
la zone de confluence, la Barrière est accidentée d'énormes
vagues de pression et disloquée sur une étendue de plusieurs
kilomètres. Ce sont ces monticules que nous avons aperçus
quelques jours auparavant. Au sud-est jusqu'au 86° parallèle
sud, la Barrière apparaît encerclée par un énorme relief qui
s'étend encore plus loin dans cette même direction. Sur les
cimes exposées à l'ouest, la glaciation semble plus intense que
sur celles tournées à l'est. Dans le sud-est, vers le réservoir
du glacier, huit ou neuf cônes noirs sont en vue ; puis encore
plus loin des pitons de granit rouge surmontés d'aiguilles et de
pinacles fantastiques. Dans le sud, les montagnes ont des formes

lourdes et présentent des lignes de stratification horizontale. Ce massif s'étend, semble-t-il, jusqu'à une centaine de kilomètres ; au delà, dans un lointain vaporeux, apparaissent d'autres montagnes. Les massifs situés dans l'est sont arrondis et couverts d'énormes masses de glace. Au loin, je crois discerner un volcan actif dans une haute cime surmontée d'un nuage qui a tout l'air d'un panache de fumerolles.

5 Décembre. — Le glacier n'est qu'un hérissement fantastique de crêtes infranchissables. Heureusement, une pente de neige douce, dépourvue de crevasses, nous permet d'éviter cette zone disloquée. Plus loin, la neige fait place à de la glace bleue déchirée d'innombrables fentes. Sur un pareil terrain, le poney ne peut continuer à tirer le traîneau sans risquer de se casser les jambes. Après l'avoir dételé, Wild lui fait traverser en main ce terrain dangereux ; puis nous halons notre véhicule et ensuite celui du poney. Au-dessus s'élèvent de gigantesques aiguilles de granit hautes de 600 mètres environ.

Après le déjeuner jusqu'à 6 heures du soir, rude travail. Pendant plusieurs kilomètres, nous devons tirer les deux traîneaux et ensuite le cheval sur une glace très crevassée. L'étape suivante s'annonce difficile ; elle présente une pente bleue, déchirée d'innombrables fentes en partie couvertes avec des arêtes coupantes. Pour traverser cette zone, il faudra porter les bagages en trois ou quatre voyages.

Le camp est établi au pied d'une aiguille de granit recoupé de filons de gneiss, que les vents ont polie et arrondie régulièrement. La petite plaque de neige où les tentes sont dressées ne nous inspire qu'une confiance limitée : peut-être recouvre-t-elle une crevasse ! Que la Providence nous protège ! Elle seule peut nous garantir de tout accident. D'un autre côté, à tout instant, une avalanche de pierres peut se détacher de l'aiguille voisine et s'abattre sur nous, comme l'indique la présence autour des tentes de blocs tombés de cette cime. A cette situation dangereuse, nul remède. Le bivouac ne peut être établi sur la glace bleue, et ce soir nous sommes incapables d'aller plus loin. Quoi qu'il en soit, nous dormirons d'un sommeil de plomb.

6 Décembre. — En trois voyages, nous transportons toutes les charges à travers les 800 mètres de glace crevassée qui nous séparent d'une pente de neige douce. Trajet singulièrement dangereux ; à chaque pas on risque une chute. A trois heures, nous nous remettons en marche vers le sud-ouest, par une longue déclivité, laissant à droite le glacier tout disloqué. A cinq heures du soir, campé près d'une grande crevasse. De là, le panorama est magnifique sur les montagnes. De nouveaux pics sont visibles dans le sud-est, le sud et le sud-ouest. Sur plusieurs cimes une roche foncée accompagne le granit. Nous sommes maintenant à une altitude supérieure à 500 mètres et dominons la Barrière. Un nuage couvre toujours la montagne située en face de nous. On dirait vraiment la fumée d'un volcan, mais peut-être est-ce simplement de la brume.

7 Décembre. — Adams, Marshall et moi, nous halons un traîneau, suivis de Wild conduisant *Socks.* Nous montons et descendons des pentes de neige molle. A une heure de l'après-midi, un appel de Wild nous fait sursauter. Courant à son aide, nous apercevons le traîneau, l'avant dans une crevasse et Wild cramponné au véhicule. Du cheval aucune trace. Nous tirons notre camarade de sa dangereuse position, mais le pauvre *Socks* a été englouti ! Wild n'a été sauvé que par un miracle. L'avant-garde avait passé sans encombre sur cette crevasse, entièrement dissimulée par la neige ; Wild suivant nos traces, sous le poids du cheval et du traîneau, le pont s'est effondré. Tout cela s'est passé en une seconde. Notre ami l'a échappé belle, et quelles conséquences eût entraînées la perte du traîneau ! Nous n'aurions plus possédé que deux sacs de couchage pour quatre hommes. Dans ces conditions, eût-il été possible de regagner nos quartiers d'hiver avec un équipement aussi sommaire ? Cela est douteux ; en tout cas, tout espoir d'arriver au Pôle eût été perdu.

8 Décembre. — Encore des crevasses perfides et des gouffres insondables. Wild et moi, nous dirigeons la caravane. Grâce à Dieu, mes yeux sont aujourd'hui meilleurs! Nous avançons lentement sur une pente toute déchirée ; à l'heure du déjeuner, nous sommes à l'altitude d'environ 518 mètres, après avoir parcouru 9 kil. 7, et pourtant chacun de nous hale 113 kilos. Dans la journée, terrain meilleur ; une nappe de glace bleue presque dépourvue de fentes sur laquelle les traîneaux glissent facilement. A six heures du soir, campé. Aujourd'hui, étape de 19 kil. 4. Altitude du camp : 701 mètres. Pas un souffle de vent jusqu'à présent. Sous le rapport du temps, nous avons de la chance.

9 Décembre. — Encore une très belle journée, et c'est fort heureux, car l'étape d'aujourd'hui a été une des plus rudes du voyage, en tout cas la plus périlleuse de toutes. Nous avançons dans un dédale de crevasses, couvertes les unes d'un pont fragile, les autres d'une épaisse couche de neige, celles-là par suite plus dangereuses. Marshall culbute dans un de ces gouffres et n'est sauvé d'une chute mortelle que par la bretelle du traîneau qui le retient suspendu au-dessus du précipice. Cette crevasse devait mesurer plus de 300 mètres de profondeur. Peu après, Adams tombe dans une autre, puis à mon tour je disparais. Notre situation devenait singulièrement aventureuse. En même temps, glissant sur cette surface lisse, les traîneaux butaient avec force contre les bords des crevasses et dans ces chocs recevaient des avaries. L'avant du véhicule, qui a déjà été endommagé lors de la chute de *Socks*, se brise. Enfin, à onze heures passées, nous attei-

TRANCHÉE CREUSÉE POUR MESURER L'ÉPAISSEUR DE LA COUCHE DE NEIGE
RECOUVRANT UN DÉPOT DE L'EXPÉDITION ANTÉRIEURE DE LA « DISCOVERY ».

gnons une région plus solide. Dans l'après-midi, plus de cinq heures de halage sur une déclivité très raide ! Travail éreintant. A six heures du soir, lorsque nous campons, nous sommes épuisés et affamés. Ce soir, les tentes sont dressées sur une plaque de neige dure, à l'altitude de près de 900 mètres.

10 Décembre. — Chutes, contusions, égratignures, crevasses, glace tranchante et pénible halage, tel est le bilan de la journée. Le magnifique panorama en vue et la longueur de l'étape (18 kil.) nous consolent de ces incidents. Pendant que je reconnais les environs du camp, mes camarades broient entre deux pierres plates le maïs du poney pour que nous puissions le manger comme plat supplémentaire. Température aujourd'hui : à midi — 11°, à huit heures du soir — 10°. Nos progrès vers le sud sont relativement satisfaisants. D'ici quelques jours, j'espère atteindre l'inlandsis. Nous avancerons alors plus vite. Le temps reste beau.

11 Décembre. — Nous contournons assez aisément des monticules de pression, puis gravissons une longue pente de glace hérissée d'aspérités aiguës ; les fentes rencontrées sont fermées par une nappe de glace ; aussi nous prenons-nous à espérer la fin prochaine du glacier et l'arrivée sur le plateau. A cinq heures, devant nous, de nouvelles crevasses puis une zone hérissée de séracs. En même temps, les nuages s'étant levés, la terre devient visible. Les traîneaux pourront-ils résister longtemps à tous ces chocs sur cette glace rugueuse ? Je ne suis pas sans inquiétude à cet égard, et nous sommes encore à 629 kilomètres du Pôle !

12 Décembre. — Distance couverte aujourd'hui : seulement 5 kil. 2. Ce nombre suffit à indiquer que de terribles difficultés ont été rencontrées. Une glace bleue, hérissée d'arêtes, déchirée d'énormes crevasses, tantôt s'élevant en monticules, tantôt s'abaissant en profonds ravins, bref le terrain le plus difficile que l'on puisse rencontrer dans une exploration polaire. Avec cela, une tension d'esprit fatigante pour veiller aux dangers qui nous menacent de tous côtés. Continuellement, les plus grandes précautions doivent être prises pour éviter une culbute fatale ou la perte d'un traîneau. Le soir, à la suite de nombreuses chutes, nous sommes meurtris et contusionnés. Sur un pareil terrain, impossible de haler les deux traîneaux en même temps. Donc, nous nous attelons tous à un véhicule ; puis, après avoir parcouru 1 600 mètres, nous revenons chercher l'autre. Par suite, pour avancer de 5 kil. 2 vers le sud, nous en avons parcouru 15,6.

13 Décembre. — Encore une journée terrible. Dans la matinée, une suite de montées et de descentes toujours sur une glace bleue crevassée et hérissée d'aspérités. A 1 kilomètre du camp, il nous semble impossible d'avancer. Nous prenons alors le parti de tourner cette zone disloquée par le sud-ouest. Sur ces entrefaites, je tombe et me blesse au genou gauche. Qu'adviendrait-il si l'un de nous était gravement blessé ? Tout l'après-midi, je porte un bandage, ce qui ne rend pas précisément aisé le halage du traîneau. Ce soir, je souffre moins. Distance parcourue aujourd'hui : 8 kilomètres.

14 Décembre. — Une des plus rudes étapes du voyage. Route au sud-sud-ouest, presque constamment dans le lit d'une ancienne moraine. Là, la glace est criblée de trous qui ont été creusés par la fusion autour de cailloux et de blocs, il y a de cela bien des années. Toute la journée, neige ; tombant par une température relativement élevée, elle sature d'humidité tout notre équipement.

Nous nous sommes élevés d'environ 300 mètres. Ce soir, notre altitude est de 1 706 mètres. D'après cela, les montagnes situées dans l'ouest doivent avoir une hauteur de 3 000 à 4 500 mètres. Grand est notre espoir d'arriver bientôt au plateau culminant. Alors on fera route directement vers le sud. Seul, alors, l'état de nos approvisionnements décidera de l'issue de la lutte. Aujourd'hui, étape de 12 kilomètres.

15 Décembre. — Temps clair. Au début, rude montée sur de la glace bleue. Mais nous avons l'impression de l'imminence d'un changement et de prochaines perspectives nouvelles. A l'heure du déjeuner, le terrain est déjà meilleur ; on rencontre des nappes de neige, et en avant nous croyons discerner une vaste plaine. Nous allons enfin, semble-t-il, arriver sur une surface plane. D'après l'hypsomètre, nous sommes d'ailleurs à l'altitude de 2 200 mètres. Ce soir, l'instrument n'indique plus que 1 775 mètres. La première observation devrait donc être entachée d'erreur par l'approche d'une dépression. Dans l'après-midi, en effet, une très fraîche brise cingle du sud-ouest. Tout l'après-midi encore, le terrain monte ; mais il est relativement facile, formé du névé durci au lieu de la diabolique glace bleue. Ici les crevasses, quoique couvertes, se distinguent facilement. Il n'y a plus de doute, le plateau est là, en avant. Nous apercevons déjà des cimes isolées au milieu de l'inlandsis, où sera notre route vers le sud. D'énormes montagnes s'élèvent à l'est comme à l'ouest. Après cette dernière semaine de fatigues terribles et d'émotions poignantes, le changement est délicieux. Distance parcourue aujourd'hui, 20 kilomètres.

16 Décembre. — Pendant les premières heures de l'étape, neige légère, ensuite beau temps. Piste ferme, par suite marche facile et rapide. A midi, latitude observée : 84°,50 sud. Jusqu'ici, nous avons parcouru 160 kilomètres à travers un inextricable labyrinthe de crevasses et gravi 1 800 mètres sur le plus grand glacier du monde. Une dernière pente toute déchirée de fentes, et nous atteindrons le plateau.

Panorama étendu de glaciers et de montagnes. A l'ouest-sud-ouest, se dressent de magnifiques chaînes, et dans le sud apparaît un massif de trois pics aigus, formant, semble-t-il, un nunatak. La nappe de glace qui enveloppe ce relief soude à l'inlandsis l'extrémité supérieure de notre glacier. A l'ouest, les montagnes en bordure de ce glacier ont toutes la forme de falaises à pic avec des lignes de stratification nettement visibles. Plus loin, dans cette même direction, derrière cette chaîne, on distingue des pics dentelés, notamment plusieurs cônes d'une régularité parfaite. Sur toute sa largeur, le glacier est disloqué suivant toute vraisemblance, par suite de la pression de l'inlandsis.

17 Décembre. — Montée difficile sur de la glace bleue parsemée de flaques de neige. De sept heures vingt du matin jusqu'à six heures quarante du soir, nous peinons sans autre arrêt qu'une halte d'une heure pour le déjeuner. Résultat : 19 kil. 3. Les deux dernières heures de montée ont été très dures, sur une pente de glace où nous ne pouvions haler qu'un traîneau à la fois. Cette déclivité était si accusée qu'à plusieurs reprises il fut nécessaire de tailler des pas à coups de piolet. Et cette pénible ascension était contrariée par un fort vent de sud.

Wild qui, après le dîner, s'est amusé à escalader les rochers voisins du camp, rapporte, avec d'inattendus échantillons de charbon, la bonne nouvelle que le plateau est visible et que demain verra la fin de cette marche épuisante.

CHAPITRE VI

TOUT PRÈS DU PÔLE

18 Décembre. — Presque au sommet de cette rude montée sur la glace bleue ! Ce soir, nous avons atteint l'altitude de 2 255 mètres, mais à quel prix ! L'étape d'aujourd'hui a été extrêmement dure. Arrivés au camp, nous sommes éreintés, affamés et dans l'impossibilité de nous rassasier. Pour faire durer les provisions le plus longtemps possible, nous nous sommes mis à la portion congrue. Chaque jour, nous économisons, par homme, deux biscuits, du pemmican et du sucre ; pour faire le plein, nous avalons le maïs des chevaux. Malgré notre parcimonie, il n'y a plus de vivres que pour cinq semaines, et nous sommes encore à 555 kilomètres du Pôle. Toute la journée, nous montons et nous nous débattons au milieu de nappes de glace toutes fendues. Avec cela, un vent froid de sud nous souffle à la figure. Température variant de — 9°,4 à — 12°,7. Dure besogne. En dépit du mauvais état de la neige, nous avons couvert aujourd'hui 16 kilomètres. Demain peut-être enfin arriverons-nous sur le plateau ! Ce glacier doit être un des plus longs, sinon le plus long du monde. Si nous n'avions pas eu toujours un temps superbe, il eût été impossible d'en franchir toutes les crevasses.

20 Décembre. — Pour prolonger la marche jusqu'aux dernières limites du possible, les rations ont été encore réduites. Le premier déjeuner se compose d'une petite ration de *hoosh* (ragoût) et d'un biscuit. Aussi, lorsque, après cinq heures de halage, arrive le moment du second repas, nous mourons littéralement de faim. Le menu du lunch comprend un peu de chocolat, du thé avec du plasmon, une portion de cacao et trois biscuits. Couvert 18 kil. 5. Nous ne sommes plus qu'à 516 kilomètres du Pôle.

21 Décembre. — Le solstice d'été avec une température de — 20° ! Avec cela un violent blizzard qui nous souffle dans le nez. Résultat : morsures de la gelée aux doigts et aux oreilles. Cette basse température est la conséquence de l'altitude élevée à laquelle nous nous trouvons maintenant (2 430 mètres). Aujourd'hui, en dix heures de travail effectif, couvert seulement 9 kil. 5. Depuis une heure de l'après-midi, il nous a fallu hisser les traîneaux l'un après l'autre, à la corde, par-dessus les crevasses et de hautes vagues de pression. Une fois un traîneau amené au sommet d'un monticule, afin de le retrouver ensuite, nous enfonçons à côté un bambou garni d'un pavillon, puis repartons chercher le second. Quoi qu'il en soit, nous avançons, et c'est là l'essentiel. Le soir, campé à côté d'une crevasse. C'est le seul endroit où la neige se trouve en quantité suffisante pour caler le bas des tentes. Partout ailleurs, de la glace vive ou du névé.

22 Décembre. — Encore des monticules de pression et des massifs de crevasses. Pendant dix heures, hissé à la corde et à bras tendus les traîneaux par-dessus ces accidents de terrain, et ils ne sont pas légers : 181 kilogrammes chacun. Ce soir, nous nous croyons parvenus enfin à l'extrémité de ce glacier diabolique. Plaise à Dieu que la route vers le Pôle s'ouvre maintenant libre d'obstacles !

23 Décembre. — 2688 mètres d'altitude ! et toujours de nouvelles vagues de pression, et de nouvelles chutes de glacier de plus en plus hautes ; il n'existerait donc pas de plateau ? Aujourd'hui, crevasses masquées, encore plus dangereuses que celles des étapes précédentes ; on ne s'aperçoit de leur existence que lorsque l'on tombe dedans.

24 Décembre. — La meilleure journée depuis que nous avons franchi la Porte du Sud. Au départ, toujours les mêmes vagues de glace avec des crevasses et les chutes traditionnelles. Mais, l'après-midi, le terrain devient relativement bon ; plus de crevasses ! En revanche, toujours des pentes. Du sommet d'une ondulation, nous découvrons une terre nouvelle, orientée sud-sud-est jusqu'au 86° de latitude sud. Campé à six heures du soir, très fatigués et les pieds glacés. C'est demain Noël. Nous songeons à la patrie, aux fêtes qu'on y célèbre en cette occasion. Nos pensées s'envolent, par delà les déserts de glace et les océans tumultueux, vers ceux qui, en ce moment, songent à nous. Nous approchons du but.

25 Décembre. — Marche pénible et bise cinglante du sud ; le soir, dîner somptueux. Un ragoût avec un morceau de viande de cheval bouillie et du pemmican, un petit plum-pudding, enfin du cacao, le tout arrosé d'une goutte d'eau-de-vie et d'une cuiller de crème de menthe. Nous nous sentons rassasiés. Après dîner, examen de la situation ; il nous conduit à décider une nouvelle diminution des rations.

26 Décembre. — Parcouru près de 23 kilomètres en marchant toute la journée, sans autre halte que celle du déjeuner. La terre précédemment en vue a disparu ; maintenant, de tous côtés, rien qu'un désert de neige. Dans deux jours, la provision de maïs sera épuisée. Nos ragoûts seront aolrs plus clair que jamais. Il est fâcheux de se trouver ainsi à court d'aliments ; mais, si nous nous accordions ce qui, en temps ordinaire, serait une ration raisonnable, il nous faudrait abandonner toute idée de pousser plus loin.

27 Décembre. — Si l'on peut appeler plateau une grande plaine de neige s'élevant par une succession de terrasses échelonnées à des distances de 11 kilomètres, nous pouvons dire que nous y sommes enfin. De sept heures du matin à cinq heures du soir, nous avons parcouru 23 kil. 3, chaque homme halant 68 kilos.

28 Décembre. — De six heures cinquante-cinq du matin à midi, parcouru 11 kil. 4 sur le plateau, et tout le temps halage très pénible. Tantôt la neige est entassée en sastrugi solides, tantôt au contraire elle est recouverte d'une croûte parfaitement unie, mais très mince, qui se brise sous notre poids. Hier, nous avons passé notre dernière véritable crevasse; dans ces parages, il n'y a plus que de rares fentes ou des crêtes tapissées de cristaux étincelants comme des diamants. Nous avons atteint maintenant l'altitude de 3 108 mètres, et graduellement le plateau s'aplanit; néanmoins, cet après-midi, le halage a été très fatigant.

29 Décembre. — La nature du terrain varie tellement qu'une heure à l'avance on ne sait ce qu'on rencontrera. Ainsi, à la place du glacier plat que j'espérais trouver aujourd'hui, nous rencontrons une longue pente et, pendant dix heures, c'est un halage épuisant. Avec cela, un vent très fort de sud, un froid de — 24°,4 à — 27°. Aussi bien, au lieu des 25 kilomètres escomptés hier, ne parcourons-nous que 19 kil. 8. Toute la journée, je souffre de la tête; c'est comme si l'on m'arrachait les nerfs avec un tire-bouchon. Ces douleurs sont une manifestation du mal des montagnes; de leur côté, mes camarades ont été atteints d'hémorragies nasales, et Adams est très éprouvé par le froid. A une altitude aussi élevée,

SHACKLETON DEBOUT PRÈS DU TRAINEAU AVARIÉ DE L'ESCOUADE DU SUD. CE TRAINEAU FUT REMPLACÉ PAR UN AUTRE AU DÉPOT GRISI.

le moindre effort devient très pénible ; par suite, cette journée de halage nous laisse éreintés. Chaque homme n'a plus à tirer que 70 kilos, mais, à cette hauteur, cette charge est plus fatigante que ne l'étaient 120 kilos dans les régions inférieures. Nous sommes à 318 kil. 5 du but. Il est dur à atteindre, le Pôle !

30 Décembre. — Aujourd'hui, seulement 6 kil. 5 ! Un blizzard de sud nous a forcés à camper dès onze heures du matin. C'est décourageant. Toute la journée, nous demeurons blottis dans nos sacs de couchage, essayant de nous tenir chaud mutuellement. Les vivres s'épuisent et le temps marche, alors qu'il serait si important d'avancer.

31 Décembre. — Le dernier jour de l'année, peut-être le plus pénible de ce long cheminement dans le grand désert blanc. Toute la journée, halage ; de la neige molle avec une fraîche brise et un chasse-neige dans la figure. Température — 21°,6 ; altitude : 3 194 mètres. Une marche aussi laborieuse à une pareille hauteur est épuisante.

1ᵉʳ Janvier 1909. — Couvert 18 kil. 5, à six heures du soir. Latitude 87° 6′ 30″. Nous avons donc battu tous les records précédents, aussi bien vers le Pôle Nord que vers le Pôle Sud. Toute la journée, gravi de longues pentes de neige très molle. Nous nous sentons fourbus et affaiblis par la famine. A six heures du soir, lorsque nous campons, temps beau et chaud, Dieu soit loué ! Altitude : 3 278 mètres. Nous ne sommes plus qu'à 275 kilomètres du Pôle !

2 Janvier. — Encore une journée terrible. Peu de temps après le départ, la piste devient très molle. Nous enfonçons jusqu'au-dessus de la cheville, et le halage du traîneau disloqué est plus pénible que jamais. Toute la journée, de longues pentes ; aujourd'hui, seulement 16 kil. 5.

Température : — 25°,5, avec un vent glacial qui nous transperce, affaiblis maintenant que nous sommes par le manque de nourriture.

De plus, à l'altitude de 3 363 mètres, le moindre mouvement entraîne un effort. Je souffre toujours de la tête. De nous quatre, Wild semble le plus solide.

3 Janvier. — Dans la matinée, très mauvaise piste; pendant cette première partie de l'étape, nous gagnons seulement 8 kil. 1. L'après-midi, la neige devient plus ferme et nous couvrons 11 kil. 1. Demain, il nous faudra établir un dépôt sur le plateau, puis tenter un suprême effort vers le but. Encore, si le terrain ne devient pas meilleur, nous faudra-t-il deux semaines pour l'atteindre.

4 Janvier. — La fin est proche. Affaiblis par le manque de nourriture, transpercés par un blizzard glacé, nous avons aujourd'hui la sensation nette que nous sommes arrivés à la limite de nos forces. Dans trois jours au plus, il faudra nous arrêter. Nous espérons pousser jusqu'à moins de 180 kilomètres du Pôle; c'est tout ce que nous pourrons faire. Le Pôle se trouve sur le grand plateau que nous avons découvert. Dans la nuit, le thermomètre tombe à — 31°,1.

5 Janvier. — Aujourd'hui c'est complet! Le thermomètre marque — 27°, avec le vent debout, chasse-neige et une piste exécrable. Nous avons le plus grand mal à tenir jusqu'au bout de la journée; nous ne pourrons pas fournir plus de deux ou trois autres étapes. Jamais, depuis que nous sommes sur le plateau, bien que nous soyons au cœur de l'île, la température ne s'est élevée au-dessus de — 17°,8. En tout cas, nous avons fait de notre mieux; rendons grâces à Dieu qu'il nous ait permis d'aller aussi loin.

6 Janvier. — Bourrasque chasse-neige et — 31° de froid. Malgré tout, grâce à une légère augmentation de la ration, nous sommes parvenus à couvrir 21 kil. 300. C'est notre dernier campement vers le sud. Demain, munis seulement de quelques provisions pour la journée, nous avancerons vers le Pôle aussi loin que possible. Ce soir, nous sommes par 88°7' de latitude sud. Je ne saurais exprimer les sentiments que j'éprouve, maintenant que je sens le dénouement arrivé. Seule, la conscience d'avoir poussé jusqu'à l'extrême limite des forces humaines atténue notre désappointement. Les forces brutales de la nature nous ont ravi la victoire !

7 Janvier. — Impossible de quitter le camp. Toute la journée, un effroyable blizzard aveuglant et assourdissant, avec une température variant de — 33°,3 à — 38°,8 ; la vitesse du vent allant de 130 à 140 kilomètres à l'heure. Durant ce déchaînement de l'atmosphère, nous demeurons couchés dans les sacs sous la neige qui filtre à travers la toile de la tente.

8 Janvier. — Encore la tempête. Pendant toute cette seconde journée, nous sommes condamnés à la réclusion. Nous souffrons atrocement du froid. 40° sous zéro. A travers la toile élimée de la tente, le vent chasse des nuages de neige poudreuse. De temps à autre, l'un de nous sent ses pieds « s'en aller » ; un camarade se dévoue alors et réchauffe le pied congelé en l'appliquant sur sa poitrine nue. Avec cela, nous sommes étreints par des crampes. Mais que sont les douleurs physiques en comparaison de la souffrance morale que nous cause cette inaction ?

9 Janvier. — Notre dernier jour de marche vers le sud ! Nous emportons seulement le pavillon donné par la reine, un tube de cuivre contenant des timbres et des documents destinés à être déposés au point extrême de notre course, un appareil photographique, des jumelles et une boussole. A neuf heures du matin, moitié courant, moitié marchant, nous atteignons le 88°23′ de latitude sud par 162° de longitude est. Sur ce point, nous plantons le pavillon de la reine et un second pavillon national ; nous prenons possession du plateau au nom du roi. A perte de vue, devant nous, rien qu'une plaine blanche de neige. Le plateau paraît s'étendre sans interruption jusqu'au Pôle. Après une halte de quelques minutes au point extrême de notre course, nous battons en retraite. Vers trois heures de l'après-midi, nous sommes de retour au camp ; pliant aussitôt bagage, nous allons bivouaquer une heure plus tard au nord. Quelque regret que nous éprouvions de n'être pas arrivés au but, nous avons conscience d'avoir fait notre devoir.

Le *10 janvier*, commença la retraite. Que dire de cette marche vers le nord, sinon qu'elle nous apporta la répétition des difficultés encourues à l'aller, en y ajoutant la fatigue extrême, une faim jamais rassasiée, la maladie d'un des nôtres, et en substituant à l'idéal glorieux qui soutenait nos courages le désir bien naturel, mais plus mesquin, de rentrer dans nos foyers! Je ne raconterai pas à nouveau les marches déprimantes, les crevasses évitées, les blizzards supportés, les températures endurées...

L'impression dominante que nous avons rapportée de notre voyage vers le Pôle est une faim atroce. Du 15 novembre 1908 au 28 février 1909, nous n'avons fait qu'un seul vrai repas, le jour de Noël. Notre ration journalière eût paru modique à un ouvrier des villes, sous un climat tempéré ; or, ici, nous avions à produire un effort physique considérable par de très basses températures. Nous voyions approcher l'heure des repas avec un sentiment aigu de satisfaction ; mais une fois notre pitance avalée, nous avions aussi faim qu'auparavant. Les préparatifs du dîner, après dix heures de halage du traîneau, étaient habituellement longs. Il fallait d'abord remplir de neige le bouilleur, puis allumer la lampe, opération souvent difficile avec nos doigts engourdis. On plaçait ensuite dans la marmite centrale le hoosh et le thé dans le récipient extérieur. Comme passoire, nous nous servions d'une petite boîte de fer-blanc percée de trous. Nous restions assis autour de la marmite, attendant impatiemment l'ébullition de l'eau. Quand tout était prêt, le cuisinier de semaine remplissait les gamelles, puis distribuait à chacun sa maigre ration de biscuit. Après quoi

AU POINT EXTRÊME VERS LE POLE!

le repas commençait. Deux minutes plus tard, le repas chaud était avalé, et il ne nous restait plus qu'à grignoter nos biscuits aussi lentement que possible. Pour que le partage fût équitable, nous tirions au sort les portions. Chacun de nous n'en était pas moins intimement convaincu qu'il avait le lot le plus faible.

A déjeuner, nous avions tantôt du chocolat, tantôt du fromage; nous préférions de beaucoup le premier, plus nourrissant. La viande de poney donna un excellent bouillon, mais personne ne goûtait la chair, toujours médiocre et souvent filandreuse et coriace. Telle qu'elle était, nous fûmes parfois heureux d'en pouvoir sucer des morceaux crus et gelés. La portion qui devait être consommée dans la journée était généralement détachée dès le matin et suspendue dans un sac, derrière le traîneau, pour qu'elle se ramollît au soleil; elle était plus aisée à couper gelée qu'à moitié dégelée.

Lorsque nous nous nourrissions de viande de cheval, nous aurions voulu des farineux. Quand nous manquions de sucre, nous rêvions de sucreries, et quand la provision de biscuits s'épuisa, nous ne pensions qu'à des pains croustillants et à toutes les autres bonnes choses qui s'étalent aux devantures des boulangers. Au cours des dernières semaines de la marche vers le sud, et durant la retraite, alors que notre pitance quotidienne n'était plus que de 55o grammes par jour et par homme, la question nourriture seule occupait nos esprits. La splendeur des montagnes colossales qui se dressaient de chaque côté de nous, la majesté de l'énorme glacier dont nous gravissions si péniblement les pentes, ne nous touchaient guère. L'homme devient très primitif quand il a faim, et nous avions cruellement faim.

Il nous était impossible d'échanger, à propos de la nourriture, les plaisanteries qui sont communes aux gens qui ont faim dans le sens ordinaire du mot. L'alimentation était l'objet de toutes

nos pensées, et, à l'aller comme au retour, c'était le sujet ordinaire
de toutes nos conversations, mais toujours de la plus sérieuse
façon. Nous décrivions les repas que nous nous proposions de
faire une fois de retour au *Nimrod,* et plus tard dans les régions
civilisées. A l'aller, nous ne ressentîmes vraiment les affres de la
faim que sur le Grand Glacier, mais alors nous étions trop occupés
par l'escalade difficile et dangereuse de cette glace raboteuse et
par les crevasses, pour échanger là-dessus beaucoup de réflexions.
Au reste, nous devions nous tenir à distance les uns des autres
pour le cas où l'un de nous tomberait dans une crevasse. Plus
tard, sur le plateau, nous avions la figure presque constamment
recouverte de glace, et le blizzard qui soufflait du sud nous interdisait toute conversation sans objet utile. Ce fut une période de
silence; nous n'échangions alors que des remarques brèves et
rares. Au retour, après la traversée du glacier, la surface de la
Barrière une fois atteinte, nous pûmes reparler sans réserve de
nourriture. Nous avions vent arrière, en sorte que le halage
n'était pas très dur, et, comme il n'y avait pas de crevasses à
craindre, nous pouvions rester les uns auprès des autres. Chacun
à son tour décrivait alors ce qu'il mangerait dans les jours d'abondance à venir. Nous devions nous inviter à dîner tour à tour, et
nous devions faire chaque année un dîner anniversaire, où nous
pourrions manger, manger, manger. Aucun cuisinier ne consacra
jamais à l'invention de nouveaux plats plus de pensées que nous.

D'ordinaire, nous levions le camp vers six heures quarante du
matin; une demi-heure après, nos doigts, engourdis par le froid,
se ranimaient, tandis que l'humidité dont nos habits s'étaient
imprégnés dans le sac de couchage, après avoir été transformée
en glace par le froid, commençait à s'éliminer. La marche
devenait alors plus facile; l'un de nous s'écriait : « Eh bien, les
amis, qu'est-ce que nous allons prendre pour notre petit déjeuner

aujourd'hui ? » En fait, nous venions de le prendre, ce petit déjeuner, sous forme d'une demi-gamelle de viande de cheval à moitié crue, d'un biscuit et demi et d'une gamelle de thé ; mais ce repas n'avait point calmé l'acuité de nos appétits. Nous tâchions de nous persuader que notre demi-biscuit n'était pas tout à fait une moitié et nous réussissions parfois à en avoir un petit morceau de plus de cette façon. Aussitôt la question posée, nous laissions nos imaginations d'affamés échafauder le récit d'une journée passée à manger. « Nous sommes à bord du bateau, disait l'un de nous. Nous nous éveillons dans notre couchette ; la première chose à faire est d'étendre la main vers l'étagère et de prendre du chocolat, des biscuits et des pommes, que nous mangeons au lit ; puis nous nous levons pour le petit déjeuner. Celui-ci aura lieu à huit heures et se composera de porridge, de poisson, d'œufs au lard, de jambon froid, de plum-pudding, d'entremets, de petits pains beurrés, de marmelade et de café. A onze heures, nous absorberons du cacao chaud, des tartes aux confitures, de la laitance de morue frite et des tranches d'un plum-pudding consistant. Cela nous soutiendra jusqu'au lunch, que nous prendrons à une heure et qui comprendra le « wildroll », un pâté, du pain frais, du lait chaud, un pudding à la mélasse, des noix, des raisins secs et du gâteau. Après cela, nous ferons la sieste jusqu'à trois heures quarante-cinq ; nous croquerons alors, dans nos couchettes, des pets-de-nonne et des gâteaux sucrés. Puis nous nous lèverons et nous nous ferons servir de grandes tasses de thé bien chaud, en même temps que des gâteaux frais et des crèmes au chocolat. Au dîner, à six heures, nous demanderons une soupe bien épaisse, du roastbeef et un « yorkshire pudding », des choux-fleurs, des pois, des asperges, du plum-pudding, des fruits, une tourte aux pommes avec de la crème épaisse, des tartes beurrées, des noix, des amandes et des raisins secs, le tout arrosé de porto.

Enfin, à minuit, juste avant de nous coucher, nous ferons un repas vraiment copieux : il y aura du melon, de la truite grillée avec une sauce au beurre, du poulet rôti bien garni de foies, une vraie salade avec des œufs et un assaisonnement très épais, des pois verts et des pommes de terre nouvelles, une selle de mouton, un pudding à la graisse de bœuf frit, des pêches à la Melba, du cary aux œufs, des rôties au fromage, du pudding à la reine, du fromage à la crème et du céleri, des fruits, des noix, du porto, du lait et du cacao. Puis nous irons au lit et dormirons jusqu'au petit déjeuner. Nous mettrons du chocolat et des biscuits sous nos oreillers, pour n'avoir qu'à prendre si, pendant la nuit, nous avions besoin de manger quelque chose. » Et les auditeurs prêtaient à ce programme une oreille attentive, en suggérant peut-être des modifications et des améliorations, généralement sous forme de plats additionnels ; puis c'était au tour d'un autre de prendre la parole et d'esquisser un autre tableau d'une journée de festin et de repos.

Tout cela peut paraître vorace et sauvage au lecteur qui n'a jamais su ce que c'est que de mourir de faim ; mais, comme je l'ai dit, la faim ramène l'homme à l'état primitif. Nous ne riions pas les uns des autres quand nous proposions de merveilleux exploits de gloutonnerie. Nous étions parfaitement sérieux et nous notions, sur les dernières pages de nos calepins, le menu des repas que nous avions décidé de faire dès que nous serions de retour. Toute la matinée nous lâchions ainsi la bride à nos imaginations ; puis, sur le coup d'une heure, je commandais : « Halte ! » Nous laissions alors tomber les bretelles des traîneaux et dressions la tente dans l'endroit le plus uni que nous pouvions trouver ; puis trois d'entre nous s'y glissaient, en attendant la maigre pitance, tandis que le quatrième remplissait le bouilleur de neige et de morceaux de viande gelée. Une heure plus tard, nous nous remettions en route.

LE CAMPEMENT SOUS LE PILIER DE GRANIT, A 800 MÈTRES DU DÉPOT DU GLACIER INFÉRIEUR,
OU LE GROUPE CAMPA LE 27 JANVIER.

LA VIANDE DE NOS CHEVAUX

Une fois de plus nos pensées et notre conversation roulaient sur
la nourriture, et cela jusqu'au campement du soir. Après un dernier repas peu copieux, nous nous introduisions dans les sacs de
couchage pour y faire des rêves fous de victuailles, que, de toute
façon, nous ne pourrions jamais arriver à manger.

La dysenterie dont nous souffrîmes durant la dernière partie
du voyage vers la côte fut certainement due à la viande du
poney *Grisi*. Ce cheval, au moment où il fallut le tuer, était dans
un état complet d'épuisement, et je crois que sa chair devait être
empoisonnée par des toxines, comme c'est le cas pour les animaux
qui ont été forcés à la chasse. Wild fut attaqué le premier. L'autre
viande que nous consommions en même temps provenait de *Chinaman* et semble avoir été tout à fait saine. Quelques jours plus
tard, nous mangions tous de la viande de *Grisi*, et nous avions
tous la dysenterie. La viande n'avait pu se gâter après la mort du
poney, car elle gela en très peu de temps. La façon dont nous
pûmes continuer à marcher malgré nos souffrances et la rapidité
avec laquelle nous nous rétablîmes quand nous eûmes des aliments convenables prouvent bien que cette dysenterie était l'effet
d'un poison et non le résultat d'un trouble organique.

Durant la première partie de notre voyage sur la surface unie
de la Barrière, la chaleur du soleil se fit cruellement sentir, bien
qu'en fait la température fût généralement très basse, atteignant
même — 17°, encore que nous fussions au cœur de l'été. Il nous
arrivait d'avoir une joue gelée, tandis que l'autre attrapait un coup
de soleil. Je me souviens que, le 4 décembre, nous ne gar-
dâmes sur nous que le pantalon et la chemise et que nous fûmes
brûlés par le soleil, et cependant la température était de — 23°.
Pendant l'escalade du glacier, le long des rochers, la chaleur se fit
encore plus sentir, les montagnes faisant fonction de radiateurs;
cela me décida à laisser tous les vêtements et équipements de

rechange au dépôt du glacier supérieur, à environ 2 100 mètres d'altitude. Nous ne nous attendions pas alors à avoir à grimper si haut ; mais nous ne parvînmes au plateau qu'après une ascension de plus de 3 000 mètres au-dessus du niveau de la mer, et nous ressentîmes alors le froid d'une façon intense. Nos burberrys étaient devenus fort minces et avaient dû être rapiécés en maints endroits. Un jour, le vent pénétra, par une déchirure, dans mon pantalon de burberry, et j'eus le dessous du genou mordu par le froid. Sous le frottement de la laine de mon vêtement de dessous, la plaie ouverte qui en était résultée s'envenima, et il fallut finalement me faire, avec un couteau, une opération assez pénible. Sur le plateau, nous souffrîmes beaucoup du froid, et, quand nos chaussures commencèrent à céder et que nous en vînmes à marcher sur le *sennegræss* garnissant les mocassins, il nous arriva d'avoir les talons gelés. Les miens, notamment, s'ouvrirent quand il nous fallut marcher sur une surface dure, et, pendant quelque temps, il y eut dans mes chaussons, à la fin de chaque journée de marche, une plaque de sang congelé. Enfin Marshall me soigna avec de l'onguent « New Skin » sur un tampon qui ne bougea pas jusqu'à ce que les crevasses fussent guéries. J'en garderai vraisemblablement les marques toute ma vie.

Les jours de très grand froid, et alors que nos forces commençaient à décroître, nous éprouvions une grande difficulté à hisser la voile de notre traîneau ; quand nous levions les bras pour l'ajuster, le sang ne circulait plus dans nos doigts, qui gelaient aussitôt. Il nous fallait, parfois, dix minutes ou un quart d'heure pour gréer convenablement le véhicule. Sans aucun doute, la légèreté de notre habillement nous valut un peu de souffrir du froid, mais nous trouvâmes une compensation dans la rapidité avec laquelle nous pûmes avancer. Je n'hésite pas à dire que tous ceux qui s'occupent d'exploration polaire doivent être vêtus aussi légèrement que possible, fût-ce même au prix de morsures par le froid pendant les haltes.

Durant notre marche au sud, la surface sur laquelle nous avancions variait continuellement. Pendant les premiers jours, c'était une couche de neige molle reposant sur une croûte solide au-dessous de laquelle se trouvait une seconde nappe de neige plus molle. La première couche cédait sous notre poids et, si nous halions, l'augmentation de pression faisait craquer la croûte solide, et nous enfoncions alors à travers la seconde épaisseur de neige molle. Dans ces conditions, la marche était très fatigante. Jusqu'au delà du Bluff, nous eûmes souvent à traverser des sastrugi très élevés et très marqués et, ensuite, des vagues de neige de 1 à 2 mètres de haut. La neige était généralement sèche et poudreuse ; quelques-uns des cristaux étaient de grandes dimensions et reflétaient les mille couleurs du diamant. Après que nous eûmes passé le 80° de latitude sud, la neige devint de jour en jour plus molle, et souvent, la croûte supérieure cédant sous leur poids, les poneys enfonçaient jusqu'au ventre. Quand le soleil chauffait, la marche était plus facile ; la couche supérieure de neige atteignait presque le point de dégel et formait alors une couche glissante qui ne se brisait pas aisément. Entre le 80° et le 83° de latitude sud, il y avait, sous la neige molle, de durs sastrugi qui écorchaient les sabots des chevaux.

La surface, près de terre, était couverte de monticules, engendrés par la pression des glaciers ; en revanche, le long des montagnes, s'étendait une plaine unie de glace limpide, formée par la congélation de l'eau qui avait coulé des pentes rocheuses sous l'influence de la chaleur solaire. Le même phénomène s'était produit sur les pentes neigeuses que nous dûmes escalader pour arriver au glacier ; nous trouvâmes même au pied de ce dernier des mares d'eau limpide autour des rochers ; nous eûmes ainsi à boire à volonté ; mais le contact de l'eau glaciale avec nos lèvres gercées était des plus pénible.

Le glacier, lui aussi, présentait toutes les variétés de surface, depuis la neige molle jusqu'à la glace bleue craquelée et fendue ; mais sa caractéristique était l'abondance des crevasses. Les unes étaient entièrement recouvertes d'une couche de neige molle, et nous ne les apercevions qu'au moment où l'un de nous y disparaissait, heureusement retenu au traîneau par ses bretelles. D'autres se présentaient sous la forme de labyrinthes, où il était encore plus difficile de se tirer d'affaire. Les moins désagréables étaient encore celles qui s'ouvraient franchement devant nous. Quand elles n'étaient pas trop larges, nous sautions par-dessus, après avoir amené tout au bord les traîneaux que nous tirions ensuite à nous. Quand les crevasses étaient trop larges, il nous fallait faire un détour. Les traîneaux, grâce à leur longueur, ne pouvaient pas dégringoler, et nous nous sentions à peu près en sûreté quand nous y étions solidement attachés. Dans certains cas, où, par suite du mauvais état de la glace, il nous fallait transporter nos traîneaux un à un, nous tirions un premier véhicule sur une distance de 800 à 1 500 mètres, plantions après un bambou pour marquer l'emplacement, et revenions chercher le second ; dans ce voyage de retour, nous nous attachions les uns les autres avec une corde. Parfois, il nous fallut gravir des pentes de glace unie et presque à pic en creusant au piolet des marches ; ensuite nous hissions les traîneaux à la corde l'un après l'autre.

Le dépôt du glacier supérieur était dominé par de grandes falaises rocheuses, déchiquetées par les gelées et les tempêtes de siècles innombrables, et de nombreux blocs étaient dans un équilibre tel qu'il semblait qu'un frôlement les eût jetés à bas. Autour de nous la glace se trouvait toute parsemée de rochers tombés des hauteurs, et nous nous demandions parfois si quelque bloc n'allait pas

LE GROUPE DU SUD DE RETOUR A BORD DU « NIMROD ». DE GAUCHE A DROITE : WILD, SHACKLETON, MARSHALL, ADAMS

dégringoler sur nous pendant l'étape. Nous n'avions pas le choix de l'emplacement : tout autour de nous, ce n'était que glace raboteuse. Les falaises se composaient surtout de couches de grès usées par le vent. Ce fut sur cette même montagne, un peu plus haut sur le glacier, que nous découvrîmes du charbon, en un point où la pente était relativement douce. De cette hauteur, nous pouvions voir le glacier s'étendant au loin, jusqu'au point de jonction avec la Barrière, entre les chaînes de montagnes à l'est et à l'ouest. Beaucoup de montagnes de l'ouest se terminaient plus ou moins en dôme ; mais il y avait quelques pics coniques escarpés à l'ouest de la montagne qui abritait le dépôt du glacier supérieur.

Si nous regardions vers le sud, ce n'étaient pas des nuages que nous voyions, mais le ciel clair. Il ne nous fournissait aucune indication sur les blizzards qui devaient nous assaillir, une fois sur le plateau ; et quand, après être allés le plus loin possible au sud, nous fûmes revenus sur nos pas jusqu'à ce dépôt, c'est le même ciel, marqué de quelques nuages floconneux, que nous vîmes. Nous ne doutions nullement que sous ces nuages l'impitoyable tempête continuait à faire rage à travers l'immense plaine de glace, et que le vent qui nous suivit durant tout notre voyage de retour vers la côte venait des environs du Pôle. Après nous être éloignés du dépôt du glacier supérieur, nous arrivâmes sur de grandes chutes de glace. De loin, la surface en paraissait unie et nous crûmes que nous étions réellement sur le plateau ; mais, en continuant d'avancer, nous vîmes se dresser brusquement d'énormes crêtes devant nous. Il nous fallut les franchir par relais, et souvent nous nous trouvions au sommet une grande crevasse d'où rayonnaient d'autres crevasses plus petites, bordées de cristaux, et d'où la vue plongeait dans des abîmes effrayants. Nous avancions en rampant pour voir ce qu'il y avait de l'autre côté, et nous rencontrions parfois une chute de 15 mètres avec une inclinaison de 33 p. 100. Souvent nous nous amusâmes à laisser glisser le traîneau sur des pentes très inclinées, mais c'était un jeu risqué.

Après avoir été fort retardés par les chutes de glace, nous entrâmes dans une région de neige molle, où le remorquage des traîneaux fut pénible. Nous croyions avoir atteint enfin le niveau du plateau, quand, au bout de quelques jours, nous vîmes surgir des crêtes nouvelles et des vagues de glace de pression. La glace qui se trouvait entre ces vagues était très désagrégée, et il lui arriva souvent de céder sous notre poids. Pour éviter une catastrophe, nous attachâmes la corde des Alpes aux bretelles du traîneau, en sorte que l'homme de tête tirait à environ 5 m. 50 du traîneau ; en outre, ses compagnons étaient éparpillés ; de cette façon, deux hommes ne pouvaient tomber ensemble dans une crevasse. Nous trouvâmes un meilleur terrain en obliquant à l'ouest, mais, ce faisant, nous nous exposions à un autre danger, car, marchant parallèlement aux crevasses, nous ne pouvions plus les aborder à angle droit. A chaque passage d'une crête, dans cette partie de la route, nous avions généralement un terrain assez facile pendant une douzaine de kilomètres, puis survenait une autre crête qu'il fallait escalader à son tour. Et toujours, au sommet des crêtes, nous rencontrions des crevasses, ce qui donne à penser que la couche de glace mouvante au-dessus de la terre n'est pas considérable.

Enfin la dernière crête fut franchie, et nous arrivâmes au plateau ; mais, au lieu du dur névé qu'avaient rencontré les voyageurs de la *Discovery*, dans leur expédition au delà des montagnes à l'ouest du détroit Mac Murdo, c'est de la neige molle et de rudes sastrugi que nous trouvâmes. Il en fut de même jusqu'au point où nous plantâmes le drapeau. Toutefois, après le long blizzard qui souffla de la nuit du 6 janvier au matin du 9, nous fûmes plus favorisés pour notre dernière étape vers le sud.

La surface était généralement améliorée à notre retour. Comme nous suivions nos traces de l'aller, il m'arriva souvent de constater que ces traces nous conduisaient au bord d'une crevasse qui avait été précédemment recouverte et au-dessus de laquelle, sans le savoir, nous avions passé dans notre marche en avant. Quand nous fûmes arrivés à la tête du glacier, nous essayâmes de couper au court pour atteindre le point où était situé notre dépôt du glacier supérieur, mais nous nous vîmes bientôt dans un tel dédale de crevasses et de crêtes de pression, à l'est, qu'il nous fallut vite incliner à l'ouest pour en sortir. Les dangers que nous connaissions valaient mieux en effet que ceux que nous ignorions. Dans notre marche vers le bas du glacier, nous constations que la neige avait disparu sous l'action du vent et du soleil, et il nous fallut avancer sur une nappe glissante de glace bleue parsemée d'innombrables fentes et d'arêtes vives, d'où maintes chutes pénibles. A environ 65 kilomètres du pied du glacier, nous retrouvâmes une couche épaisse de neige molle qui ralentit énormément notre marche. Il était évidemment tombé beaucoup de neige dans cette région, tandis que nous allions vers le sud, et nous fîmes des jours entiers, alors que nous n'avions pour ainsi dire plus de vivres, à voir en face de nous les rochers au pied desquels se trouvait notre dépôt.

En songeant aux péripéties de ce voyage, il ne me semble pas, tout compte fait, que j'aie à suggérer d'améliorations dans l'équipement pour une expédition future. La surface de la Barrière varie considérablement, et l'on ne peut préjuger ce qu'elle sera demain. Le voyageur doit se préparer à rencontrer tantôt une surface très dure, tantôt une surface très molle, parfois même les deux dans le cours d'une seule journée. Le traîneau de 3 m. 3o répond parfaitement aux exigences de la situation, et nous n'avons rien trouvé à reprendre à notre façon d'amarrer les paquets et de remorquer les traîneaux. Des crampons nous auraient été utiles sur le glacier ; mais ce qui vaudrait mieux encore, ce seraient de gros souliers de montagne à semelle garnie de clous, car très souvent la surface ne laisserait que peu de prise aux crampons. La température est trop froide pour permettre à l'explorateur de porter des chaussures de cuir ordinaire, et il faudrait qu'on créât une chaussure à la fois solide, chaude et ornée d'une véritable armature de clous. Un bambou assujetti à l'avant du traîneau, contre le réservoir à pétrole, constitue un mât très suffisant pour recevoir une voile. Pour l'habillement, je ne vois aucun changement à proposer, car nos légers vêtements de dessous en laine recouverts de mince étoffe imperméable nous donnèrent entière satisfaction sous tous les rapports. Nous n'aurions certainement pu avancer aussi vite si nous avions porté l'habillement en drap « pilote » qui est d'usage courant pour les expéditions polaires.

De notre expérience, il résulte que, pour espérer atteindre le Pôle, il faut emporter plus de vivres que nous n'en avions ; mais comment résoudre la question du transport ? C'est la matière d'une appréciation personnelle. Je n'emporterai certainement plus de fromage ; c'est, sans aucun doute, un bon aliment, mais nous ne le trouvâmes pas aussi agréable au goût que le chocolat, qui est, en fait, aussi nourrissant. Tous nos autres vivres nous donnèrent entière satisfaction.

CHAPITRE VII

EXPLORATIONS SECONDAIRES

L ES instructions que j'avais laissées avant notre départ pour le Sud portaient que, dans les premiers jours de décembre 1908, Armytage, Priestley et Brocklehurst iraient explorer les montagnes situées à l'ouest du sound Mac Murdo pour en connaître la paléontologie et la géologie. Ces montagnes avaient déjà été explorées par le lieutenant Armytage et le capitaine Scott, lors de l'expédition de la *Discovery* : le premier étant parvenu jusqu'à 2 700 mètres d'altitude sur la calotte de glace qui recouvre ces montagnes, tandis que Scott s'était avancé jusqu'au 146° 33′ de longitude est. Une étude de cette région n'en était pas moins très utile. Aussi, le 9 décembre, l'escouade de l'Ouest quitta les quartiers d'hiver et se dirigea vers les montagnes à explorer. Le 13 décembre, elle atteignit les « moraines échouées ». Dans cette région, les explorateurs furent gênés par des espèces d'ampoules de glace, hautes parfois de 12 à 15 centimètres et recouvertes d'une couche dont l'épaisseur ne dépassait pas 3 à 6 millimètres. Dès qu'on marchait dessus, elles se brisaient et, en dessous, le pied rencontrait une petite flaque d'eau, profonde de 3 à 5 centimètres. Priestley attribue la formation de ces ampoules à la fusion des « congères » et à l'action de l'eau salée qui, par en dessous, travaille plus énergiquement que le soleil à déterminer la fusion.

Le 15 décembre, l'escouade commença l'ascension du glacier Ferrar, tandis que Priestley examinait les rochers avec le plus grand soin pour y rechercher des fossiles. La piste était, le plus souvent, mauvaise, formée de neige molle, là où l'on s'attendait à rencontrer de la glace. Le 19 décembre, un blizzard éclata; la tempête apaisée, les explorateurs arrivèrent dans une région glissante et crevassée. Le 20 décembre, ils campaient près des Rochers Solitaires, à l'endroit même où le capitaine Scott avait dressé sa tente, après avoir abandonné la Vallée Sèche. Sur ces entrefaites, une chute de neige abondante se produisit; aussi bien, le temps dont disposait l'escouade étant très avancé, l'idée de pousser jusqu'au nunatak du dépôt fut abandonnée. Les recherches de Priestley au pied de l'escarpement situé entre la Vallée Sèche et la branche orientale du glacier étant demeurées sans résultat, le groupe s'avança vers le mont de l'Obélisque.

Dans le journal de Priestley, à la date du 21 au soir, je trouve les indications suivantes : « J'ai examiné, sans succès, bloc par bloc, une grande quantité de grès. La seule différence qu'ils présentent avec le type ordinaire réside dans la présence de minces couches d'un conglomérat formé de graviers de quartz et de quelques lentilles d'une substance argileuse. Une roche intermédiaire entre le granit et le porphyre est commune dans ces parages. Le grès est attaqué par les agents météoriques; souvent il se désagrège au premier coup de marteau. Je recherchai attentivement des fossiles dans cette roche, bien que son aspect indiquât qu'elle ne devait pas en renfermer. Si j'avais été en Angleterre, ou dans n'importe quel autre pays, je me serais abstenu de ces investigations. Je n'ai jamais vu, en effet, de roche sédimentaire paraissant moins fossilifère. Un grand nombre de blocs sont recouverts d'une patine blanche et opaque (probablement du carbonate de chaux); s'il y a eu jamais de la chaux dans ce grès, elle a été dissoute, il y a longtemps. Cette région renferme en abondance des roches intéressantes, mais la difficulté du transport s'opposa à ce que je fisse une copieuse collection... La carte géologique de cette région me paraît pleine de grosses erreurs. Tout l'escarpement qui nous fait face, marqué comme constitué entièrement par du grès Beacon, est formé, au contraire, de granit, sur une hauteur d'au moins 900 mètres. Au-dessus seulement, on observe une calotte de grès, et la dolorite semble avoir disparu, à l'exception de la couche supérieure. »

L'étude des Rochers Solitaires releva une autre inexactitude de la carte. L'expédition de la *Discovery* avait cru que ce massif formait une île au milieu du glacier; une minutieuse reconnaissance nous révéla qu'ils constituent, en réalité, un contrefort relié à la muraille nord par un isthme de granit d'au moins 300 mètres de haut. Le glacier, dans sa descente vers la vallée, entoure ce massif; au pied de l'isthme, se trouvait un petit lac alimenté par des torrents issus d'un glacier situé en face. Ces cours d'eau étaient jaunes de sédiments; un autre, très décoloré, lui aussi, s'écoulait du lac vers la Vallée Sèche. Les Rochers Solitaires atteignent une altitude d'environ 600 mètres.

Le 24 décembre, on trouva, dans le voisinage du camp, le squelette blanchi d'un crabier. Il est curieux qu'un de ces animaux ait pu remonter si haut sur le glacier. La caravane s'installa ensuite au pied du Knob Head, juste au-dessous du second ravin, à l'est du ravin Windy. En escaladant les pentes voisines jusqu'à une altitude de 1280 mètres, Armytage et Priestley cueillirent un lichen jaune à 945 mètres, un lichen noir à 1159 mètres et un lichen vert ou une mousse à 1280 mètres. Armytage découvrit un fragment de grès portant des empreintes paraissant provenir d'une fougère; malgré tout, Priestley ne conservait pas grand espoir de trouver des fossiles dans ce grès très altéré.

« Ici, le soleil disparaît vers neuf heures trente du soir, écrit Priestley dans son journal. Le passage soudain de la lumière éclatante à l'obscurité produit un effet curieux sous la tente. Au dehors, la mince couche de glace, qui recouvre les mares d'eau autour des blocs, se contracte immédiatement en produisant des détonations semblables à une série de coups de pistolet ; parfois même, elle se brise et vole de tous côtés en éclats, avec un bruit semblable à celui du verre cassé. C'est l'effet du refroidissement subit de la glace sous l'influence du vent glacé du plateau, dès que le soleil disparaît. »

Le 27 décembre, Priestley et ses compagnons redescendirent le glacier Ferrar. Pendant la retraite, les moraines furent étudiées et de nombreuses collections de roches recueillies. Le temps était relativement chaud, la glace fondait partout, si bien que les voyageurs étaient constamment trempés. Le 6, l'escouade retrouvait les « moraines échouées » à une journée de marche au sud et y ramassa des échantillons géologiques. Ces moraines découvertes par l'expédition de la *Discovery* datent d'une extension antérieure de la glaciation ; elles renferment des roches très diverses, qui renseignent sur la constitution de la région située à l'ouest et sont, pour ce motif, d'un très grand intérêt. Après une halte de deux jours dans cette région, les voyageurs revinrent à la pointe du Beurre, rapportant 115 kilos de blocs divers. Puis ils allèrent visiter la Vallée Sèche. Ils y trouvèrent une plage soulevée située à 18 mètres au-dessus du niveau actuel. De nombreux fragments de *pecten Colbecki*, coquille très commune actuellement au cap

AU CŒUR DE L'ANTARCTIQUE.

Pl. 26, page 124.

Royds, furent trouvés dans du sable jusqu'à cette altitude de 18 mètres. Priestley estime que des dépôts marins récents doivent exister encore plus haut.

Ces formations glaciaires se distinguent des « moraines échouées » par la présence de nombreuses coquilles vivant actuellement dans la mer de Ross, incluses dans les graviers et les sables des moraines. Ces subfossiles apparaissent au jour, le plus souvent dans les couches que l'érosion agressive des torrents a entamées. L'état de conservation des *pecten Colbecki* est d'autant plus remarquable que leur constiution est extrêmement fragile. J'en ai vu des milliers-et ai pu cueillir de nombreuses valves simples entièrement intactes. J'ai vu aussi plusieurs plages d'*anatœna*. A l'extrémité d'un banc de boue, à environ o m. 60 au-dessus du niveau actuel de la mer, je trouvai en grand nombre des corps desséchés d'un petit amphipode, ainsi qu'un poisson de 2 cm. 5 de long. De plus, ces moraines sont entièrement couvertes d'ossements de phoques ; j'ai même rencontré deux cadavres desséchés de ces mammifères encore garnis de leur peau. L'un était un crabier.

L'escouade de l'Ouest, de retour à la pointe du Beurre, y attendit l'arrivée de David, conformément à mes instructions. Le 24 et le 25, Priestley et ses compagnons n'échappèrent à une effroyable catastrophe que par un hasard providentiel. Ils étaient campés sur la banquise, au pied de la pointe du Beurre, et se disposaient à partir le lendemain matin pour les quartiers d'hiver. Leur position paraissait absolument sûre ; la crevasse de marée, le long de la côte, ne présentait aucun signe inquiétant, et la glace voisine semblait fixe. Or, le 24, à sept heures du matin, que voit Priestley en sortant de la tente ? Le glaçon sur lequel ils se trouvent s'était détaché de la côte et s'en allait à la dérive vers la pleine mer. A cette nouvelle, tous ses camarades se précipitent anxieux. Ils sont déjà à 2 milles au large, et leur radeau continue sa route vers la pleine mer. « Aussitôt que nous nous fûmes aperçus de la rupture de notre glaçon, rapporte Armytage, nous abattons la tente, chargeons le traîneau et filons vers le nord, afin de voir si nous ne pourrions pas nous échapper dans cette direction. La situation est grave, nous n'avons pas en effet les moyens de traverser une nappe d'eau ; nous ne pouvons non plus compter sur le secours du navire ; enfin la plus grande partie de nos vivres est restée à la pointe du Beurre. Notre marche au nord ne fut pas longue, car nous ne tardâmes pas à nous heurter à un chenal d'eau. Nous décidons alors de revenir sur l'emplacement de notre camp. Nous dressons la tente et, à onze heures du matin, pour la première fois de la journée, nous avalons quelque chose. Tout compte fait, le plus sage est de rester où nous sommes pendant quelque temps au moins. Peut-être, mais cela n'est guère probable, le navire s'aventurera-t-il dans une des ouvertures voisines de la banquise et pourra-t-il ainsi nous recueillir, ou bien peut-être une renverse de courant nous ramènera-t-elle vers terre. Nous attendons jusqu'à trois heures de l'après-midi sans voir la situation s'améliorer. Des squales s'ébattent dans les canaux et, de temps à autre, passent en plongeant sous notre glaçon. Nous nous remettons alors en route vers le nord ; de toutes parts, nous sommes entourés par de l'eau libre. Dans ces conditions, à dix heures du soir, nous revenons camper à notre ancien emplacement. Nous prenons alors un léger repas composé de ragoût et de biscuits. Comme nous n'avons plus que quatre jours de vivres, une réduction des rations est décidée.

« Dans la soirée, il nous semble que nous ne dérivons plus vers le nord ; au contraire, nous paraissons nous rapprocher de la glace fixe. Cela nous redonne un peu d'espoir. Nous nous glissons alors dans nos sacs de couchage pour nous tenir chaud. A onze heures trente, Brocklehurst annonce que nous ne sommes plus qu'à quelques centaines de mètres de la glace fixe et que notre glaçon se dirige vers la côte. A mon tour, je me lève et enfile mes mocassins pour examiner la situation. A minuit, nous sommes très près de la glace fixe, à 200 mètres environ. Aussitôt, je cours avertir les camarades; il ne faut pas manquer l'occasion de débarquer si elle se présente. En un tour de main, le camp est levé et le traîneau chargé pendant que je retourne sur le bord du glaçon, à l'endroit où le hasard avait porté mes pas la première fois. Juste au moment où mes camarades me rejoignent avec le traîneau, je sens le glaçon heurter la glace fixe. La zone de contact entre les deux masses est large de 1 m. 50 à peine, mais elle se trouve juste à l'endroit où nous sommes. D'un bond, nous faisons sauter le traîneau sur la glace fixe ; nous sommes sauvés! Une seconde après, notre glaçon reprenait le large. Après cette aventure, nous gagnons la pointe du Beurre, et, vers trois heures du matin, nous pouvons enfin avaler un solide repas et prendre un repos réparateur. Le jour même, nous arrivions aux quartiers d'hiver.... »

Ici se termine le récit de l'expédition aux montagnes de l'Ouest entreprise par nos trois collaborateurs Armytage, Priestley et Brocklehurst, du 9 au 25 décembre 1908. Je vais maintenant raconter le retour du *Nimrod* dans l'Antarctique après son séjour en Nouvelle-Zélande. Je rappelle, pour fixer les idées de mes lecteurs, que notre navire nous avait quittés le 22 février 1908 pour se rendre à Lyttelton, où il devait hiverner et procéder à quelques travaux de réparations afin de se retrouver en état d'affronter un nouveau combat contre la banquise lorsqu'il viendrait nous rechercher. En fait, le *Nimrod* fut entièrement remis à neuf durant son séjour à Lyttelton.

A la fin de l'année, d'abondants approvisionnements y furent embarqués ; il pouvait arriver qu'une partie de l'expédition dût passer un second hiver au cap Royds, si l'une des escouades d'exploration n'était pas de retour à temps ; d'autre part, il fallait également prévoir le cas où le *Nimrod* serait bloqué et forcé lui-même d'hiverner. On prit donc des vivres en quantité suffisante pour faire face à ces diverses éventualités, ainsi que la plus grande quantité de charbon possible. En raison de son état de santé, le capitaine England ayant dû débarquer, le navire fut confié par mon représentant au capitaine P.-F. Evans, le commandant du *Koonya*, qui nous avait remorqués jusqu'au cercle Antarctique.

Le 1ᵉʳ décembre 1908, le *Nimrod* appareilla de nouveau à destination de l'Antarctique. Sa traversée fut favorisée par le beau temps. Le 3 au soir, la brise étant favorable, on releva l'hélice, et le navire poursuivit sa route sous voile jusqu'au 20, par 66° 3o′ de latitude sud et 17° 28′ de longitude ouest. Dans ces parages, l'ice-blink apparut ; on amena alors la toile et on mit sous pression.

Après avoir traversé pendant plusieurs heures des glaces disséminées, le *Nimrod* arriva devant le pack et s'y engagea à la faveur des canaux ouverts dans son épaisseur. De nombreux phoques en train de se chauffer au soleil sur la glace regardaient, étonnés, passer le navire. Le lendemain, le pack était si serré et la marche du navire si lente que l'équipage eut le temps de tuer et de dépouiller plusieurs crabiers. Le soir, le *Nimrod* se trouvait de nouveau en eau libre et, le 22 à midi, il parvenait par 68° 2o′ de latitude sud et 175° 33′ de longitude ouest ; devant lui s'étendait libre la mer de Ross. La largeur du pack à cette date et sous ce méridien ne dépassait pas 60 milles.

Le 26 décembre, le *Nimrod* atteignait 70° 42′ de latitude sud et 173° 4′ de longitude ouest, alors qu'en 1843, sous ce parallèle, sir James Ross avait rencontré de la glace compacte hérissée de

DEUX VUES DE LA GRANDE BARRIÈRE DE GLACE. LA HAUTEUR DE LA MURAILLE DE GLACE
EST RESPECTIVEMENT DE 27 MÈTRES ET DE 40 MÈTRES.

monticules ; le *Nimrod*, lui, trouvait de vastes étendues d'eau libre avec seulement quelques glaçons en dérive. Un sondage ne donna pas de fond avec 2 800 mètres de fil. La glace vue par Ross ne reposait donc pas sur terre. Le 27 à midi, le navire, qui tenait une route sud-est, fut arrêté par d'épaisses masses de glace par 72° 8′ de latitude sud et 173° 1′ de longitude ouest. Un peu plus tard, dans la journée, il put de nouveau avancer et, le lendemain matin, à quatre heures, il était de nouveau en eau libre. Vers l'est, l'iceblink apparaissait. Le capitaine Evans avait pris une route orientale afin d'arriver en vue de la Terre du Roi Édouard VII ; mais, dans cette direction, le pack ne semblait pas présenter de solution de continuité. Aussi bien le 30, le navire fit route vers le cap Bird, et le 1ᵉʳ janvier 1909 il arrivait en vue du mont Erebus. Les observations faites au cours de cette traversée confirment mon opinion que le pack qui s'étend dans l'est de la mer de Ross est impénétrable. Si la *Discovery* put atteindre la Terre du Roi Édouard VII, cela tient à un état de glaces exceptionnellement favorable.

Au large de l'île Beaufort, le *Nimrod* fut arrêté par la glace. Après avoir manœuvré pendant trois heures, le capitaine Evans amarra son navire à un *floe*. Le lendemain, profitant du courant qui semble porter constamment vers l'ouest entre le cap Bird et l'île Beaufort, et utilisant tous les canaux ouverts à travers les « champs », cet habile marin parvint jusqu'à 28 milles du cap Royds. Dans cette marche, se produisirent plusieurs violentes collisions qui mirent à l'épreuve la solidité du navire ; finalement, le *Nimrod* arriva à la lisière de la glace fixe. Pour le moment, tout nouveau progrès du navire vers les quartiers d'hiver se trouva donc arrêté.

Evans dépêcha alors Mackintosh avec trois hommes pour porter aux quartiers d'hiver le courrier et en même temps pour annoncer l'arrivée du navire. Cette marche ne semblait devoir présenter aucune difficulté. Le détachement, composé de Mackintosh, Mac Gillan, Riches et Paton, partit le 3 janvier, à dix heures quinze du matin, avec un traîneau chargé d'une tente, de sacs de couchage, d'ustensiles de cuisine et des vivres nécessaires. La distance à couvrir était d'environ 25 milles. Dans l'après-midi, Mackintosh renvoya deux hommes et allégea le traîneau en laissant un dépôt de vivres de 22 kil. 5. A mesure que la petite troupe avançait, la piste devenait plus difficile avec de la mauvaise glace et de la neige molle. On campa à sept heures cinq du soir pour repartir le lendemain à une heure cinquante-cinq du matin. A partir de là, le terrain devenant meilleur, Mackintosh et son compagnon avancèrent rapidement, lorsqu'à cinq heures trente du matin ils se trouvèrent arrêtés par une nappe libre, parsemée de glaçons en dérive. L'accès de la côte se trouvait donc fermé de ce côté. La petite troupe fit alors route dans l'ouest pendant deux heures, sans apercevoir la fin de ce bassin. En même temps, la glace située dans le sud semblait bouger ; en ce point, le courant avait une vitesse d'environ 3 milles à l'heure. Mackintosh et Mac Gillan déjeunèrent à sept heures trente, puis rebroussèrent chemin vers le navire, la présence d'eaux libres paraissant interdire l'approche du cap Royds.

A peine les deux marins avaient-ils commencé leur retraite qu'ils découvrirent en avant d'eux de nouvelles nappes d'eau. La retraite vers le navire se trouvait donc coupée. Le champ sur lequel ils cheminaient était en train de se disloquer, et ils couraient le danger d'être emportés à la dérive. En présence de cette situation, Mackintosh et son compagnon s'acheminent rapidement vers la côte est. En certains endroits, il leur faut enlever leur traîneau à la force du poignet pour le faire passer d'un glaçon à l'autre ; enfin, après une heure d'un labeur acharné, ils arrivent devant une langue de terre, mais là encore une nappe d'eau leur interdit l'accès de la côte. Ils se dirigent alors vers la pointe suivante, où la situation paraît meilleure. « Les glaçons sont de petites dimensions et carrés, écrit Mackintosh dans son journal. Tous les 200 mètres, nous arrivons à l'extrémité d'une flaque de glace. Il faut alors franchir d'un bond un canal, puis tirer à nous le traîneau d'un vigoureux effort. Après une heure de cet exercice, nos mains sont en sang, et nous sommes couverts d'une croûte de glace jusqu'à la ceinture, à la suite des bains que nous avons pris en sautant d'un glaçon à l'autre. Enfin, à deux heures trente de l'après-midi, nous arrivons près d'une sorte de pont formé par un bloc de glace de glacier. Le glaçon sur lequel nous nous trouvons dérive rapidement, il nous faut donc faire un effort désespéré pour franchir avec le traîneau un intervalle large de 1 m. 80. La chance nous favorise, et quelques instants après, nous sommes sur la glace fixe et en sécurité. Il était temps, un quart d'heure après, une nappe d'eau s'étendait à l'endroit même où nous avions pris pied sur la côte. »

Mackintosh décida de camper. La traversée des rochers et des glaciers de la côte était une entreprise difficile, peut-être même impossible, à moins d'abandonner le sac de dépêches. De plus, MacGillan souffrait d'un commencement d'ophtalmie, et tous deux étaient accablés de fatigue.

« Le lendemain matin, dit Mackintosh dans son journal, Mac Gillan souffre beaucoup. Il a les yeux fermés et le visage très enflé. Le seul soulagement que je puisse lui procurer, c'est de les lui baigner avec de l'eau fraîche. D'un monticule voisin, je n'aperçois pas le navire. Dans l'après-midi, je commence également à souffrir des yeux. Je souhaite ardemment de ne pas être pris comme mon compagnon, autrement notre position deviendra terriblement critique. Le 6 janvier tous les deux nous sommes aveugles. Mac Gillan a la figure boursouflée et les yeux entièrement clos. Aussi bien, ne se doute-t-il pas que je suis également atteint. Pour ne pas le décourager, je m'abstiens de lui dire quoi que ce soit, mais mes douleurs sont si violentes qu'une exclamation m'échappe et je lui révèle la vérité. En écartant à grand'peine mes paupières, je réussis à voir un peu de temps à autre. Après six heures de souffrances atroces, je tombe dans un long sommeil réparateur. Lorsque je me réveille, Mac Gillan va également beaucoup mieux. Après l'inquiétude atroce qui nous a torturés hier, nous éprouvons un très vif soulagement. Vers minuit, nous y voyions assez clair pour gagner la *rookery*, où nous prenons des œufs de pingouins pour nous sustenter. »

Le 11 au matin, les deux hommes s'acheminent vers la station emportant des vivres pour un jour. La première partie du voyage devait s'effectuer sur les collines basaltiques situées au pied du mont Bird ; pour éviter les vallées et les glaciers, Mackintosh et son compagnon s'élevèrent jusqu'à ce qu'ils arrivassent sur les glaciers. Alors les difficultés commencèrent. N'ayant pas de clous à leurs souliers, ils tombaient à chaque instant. « Nous avancions prudemment, rapporte Mackintosh, à environ 5o mètres l'un de l'autre. A un moment, en me retournant pour dire un mot à mon compagnon, je m'aperçois qu'il a disparu ; en même temps, j'entends un faible appel provenant du fond du glacier. Immédiatement, me précipitant du côté d'où part le cri, j'aperçois Mac Gillan cramponné à une saillie, dans une crevasse à plusieurs mètres de profondeur. Je lui lance les courroies qui me servent à attacher mon paquetage et, au prix de grands efforts, je réussis à le ramener sain et sauf à la surface du glacier. Mais notre fourneau *primus* et nos vivres restent au fond de l'abîme. En essayant de les rattraper, je perds mes courroies et mon bâton, si bien que nous sommes maintenant presque entièrement dépourvus d'équipement. »

LE CAP BARNE. LE PILIER AU PREMIER PLAN A DROITE EST CONSTITUÉ DE ROCHES VOLCANIQUES.

De tous les côtés le passage est fermé par des crevasses. D'autre part, impossible de grimper plus haut. La seule route ouverte est une pente très inclinée de plus de 900 mètres; en bas, il est impossible de distinguer ce qui existe. La situation est désespérée.

Aussi bien, Mackintosh et Mac Gillan décident de tenter cette descente vertigineuse. Avec leurs couteaux, ils essayent de freiner, mais la vitesse et les chocs les leur arrachent des mains. En enfonçant les pieds dans la neige, ils parviennent cependant à modérer leur allure; finalement, ils arrivent au bas de la pente sans accident. Ils étaient sauvés et, deux heures plus tard, ils arrivaient en vue du cap Royds. Sur ces entrefaites, la neige commence à tomber et le temps devient bouché. On n'y voit pas à 2 mètres devant soi. Pendant deux heures, les deux hommes avancent en trébuchant à chaque pas, à travers le simoun glacé. Épuisés, ils s'arrêtent pendant quelques minutes; leurs vêtements et leurs visages sont couverts de glace et la température devient très basse. A la faveur d'une éclaircie, Mackintosh croit apercevoir le cap, et ils repartent à toute allure. Toute la nuit ils errent ainsi à travers les montagnes, sans voir quoi que ce soit. Dans la matinée du 18, la neige cesse, mais la vue est toujours masquée par les tourbillons que soulève le blizzard. Après avoir ainsi erré toute la journée, Mackintosh et Mac Gillan furent miraculeusement sauvés par Day, qui était sorti pour aller guetter le mouvement du navire. Les malheureux étaient épuisés, ils ne marchaient plus qu'en titubant. De toute la nuit et de toute la journée ils ne s'étaient arrêtés; avec un pareil froid, une halte eût été la mort certaine. Quelques minutes plus tard, les deux hommes arrivaient à la station, où ils étaient bientôt réconfortés. Ils l'avaient échappé belle : suivant toute probabilité, jamais ils n'auraient atteint les quartiers d'hiver s'ils n'avaient rencontré Day.

Pendant cette tragique aventure, le *Nimrod* était parvenu au cap Royds. Apprenant que Mackintosh et Mac Gillan n'y avaient pas encore paru, le capitaine était parti à leur recherche vers le nord. Murray s'était embarqué sur le navire; les événements tournèrent de telle façon qu'il ne put revenir que dix jours plus tard. Au sujet de ces événements, j'emprunte le passage suivant au journal de Murray : «Nous étions en train de prendre le thé, le 5 janvier, quand Marston, en ouvrant la porte, aperçoit, à moins d'un mille, le *Nimrod* amarré à la glace fixe. Nous nous précipitons immédiatement pour le rejoindre, afin d'avoir le plus tôt possible le courrier. Grande est notre inquiétude en apprenant que Mackintosh a quitté le bord depuis deux jours avec le sac de dépêches pour nous l'apporter. Non seulement nous n'avons pas notre courrier, mais encore nous redoutons que nos amis aient péri en essayant de nous l'apporter. Sachant que Mackintosh et son compagnon se trouvent sur une nappe de glace que nous avons vue à la dérive, nous n'avons guère d'espoir de les revoir jamais. Le 7 janvier, le *Nimrod* part à leur recherche du côté du cap Bird. Quelques heures plus tard, il était bloqué dans le pack et entraîné par la dérive rapidement vers la côte de l'île Ross. Après avoir failli être jeté à la côte par une pression de la glace au fond de la baie du Fer à Cheval, le navire réussit, en forçant la vapeur, à s'éloigner de terre, mais sans autre résultat que de se jeter au milieu de la banquise. Du 7 au 15, il demeure bloqué.

« Dans l'après-midi du 12 janvier, une pression se produit. D'énormes blocs, épais de 1 m.80 à 2 m. 40, sont soulevés et entassés les uns sur les autres à la surface des champs; de chaque côté de l'avant du navire, des monceaux de glace s'empilent, sans causer heureusement d'avarie. Le 17, dans la matinée, pas la moindre détente, mais, au début de l'après-midi, des canaux d'eau libre apparaissent dans l'est. La vapeur est immédiatement poussée : une heure plus tard, le navire sortait de son étroite prison et, pendant la nuit, réussissait à atteindre la mer libre, à peu près à hauteur de la Barrière de Nordenskjöld. Voici ce que dit le capitaine Evans dans son rapport :

« Le sort de Mackintosh nous préoccupe vivement. Nous considérons ce vaillant officier et son compagnon comme perdus. Aussitôt sortis de la banquise, nous faisons route vers l'île Beaufort ; traversant des glaces très clairsemées, nous approchons du point de la côte où nous pouvons avoir des chances de retrouver la petite troupe en perdition. A l'extrémité d'une pointe, près de falaises infranchissables, nous apercevons une petite tache verte. C'est un campement abandonné. Une tente est en lambeaux et autour le matériel est éparpillé sur le sol. Immédiatement une embarcation est mise à la mer, et Davis se rend à terre. Là il trouve le sac de dépêches et une note de Mackintosh, vieille déjà d'une semaine, dans laquelle il annonce son aventureux projet de tenter la traversée des montagnes vers les quartiers d'hiver. Les glaciers qui séparent le mont Bird du mont Erebus sont tout disloqués, aussi nous semble-t-il impossible que nos amis aient pu s'en tirer. Lorsque nous arrivons devant le cap Royds vers minuit, Mac Gillan vient au-devant de nous. Nous sommes donc tout de suite rassurés sur le sort de nos camarades.... »

Le *Nimrod* ayant rallié l'expédition dans les conditions qui viennent d'être rapportées, son équipage fut employé à embarquer les diverses collections recueillies par les uns et les autres et à tout ranger dans l'intérieur de la maison. Entre temps, au début de 1909, une escouade avait été envoyée à la colline Minna pour aller y déposer des approvisionnements en vue de faciliter le retour du groupe que je conduisais vers le Pôle. C'est le voyage de cette escouade que je vais raconter maintenant.

Cette mission était très importante ; seul, en effet, ce dépôt pouvait à notre retour nous permettre de franchir les 160 kilomètres qui séparent la colline Minna des quartiers d'hiver. Cette mission, je l'avais confiée à Joyce, qui devait être accompagné de Mackintosh, Day et Marston. La neige étant très molle, Joyce décida d'accomplir deux voyages, le premier pour charroyer les approvisionnements, le second pour nous procurer des friandises que le navire apporterait.

Conformément à mes instructions, l'escouade partit le 15 janvier 1909 avec un traîneau chargé de 225 kilos et traîné par huit chiens. Rencontrant au début de la glace tendre, à moitié fondue sous l'influence du sel, ils n'avançaient que difficilement. A de fréquentes reprises, Joyce, Mackintosh et Marston crevèrent cette nappe et prirent des bains glacés. Après ces immersions, leurs vêtements gelaient immédiatement. Le lendemain, le mauvais temps ne permit pas de continuer. Il soufflait un fort vent de sud, accompagné de tourbillons de neige; bientôt un effroyable blizzard se déchaîna. Vers minuit, une accalmie se produisit et, le 18 au matin, la marche fut reprise. La neige amoncelée par la tempête avait littéralement enterré les chiens au bivouac, seul leur nez émergeait, et il fallut les dégager pour les harnacher.

L'escouade prit au dépôt de la Langue du Glacier un second traîneau chargé de 135 kilos d'approvisionnements. Les quatre hommes avaient donc à haler en tout 360 kilos, répartis sur deux véhicules. La seconde étape sur de la glace molle et à travers des monceaux de neige fut aussi pénible que la première. A minuit, on arriva à la pointe de la Hutte, où un traîneau fut laissé. Les chiens avaient bien tiré; après la longue période d'oisiveté qu'ils avaient passée au cap Royds, ils semblaient heureux de travailler.

Le 19 au matin, l'escouade attaqua la Barrière. La piste était bonne, si bien que les chiens purent galoper. Les hommes ne pou-

MURRAY ET PRIESTLEY DESCENDANT DANS UN PUITS CREUSÉ DANS LA GLACE RECOUVRANT LE LAC VERT.

vaient les suivre. Le 23 janvier, tandis qu'ils cheminaient sur une épaisse nappe de neige recouvrant des sastrugi, ils aperçurent un dépôt de fourrage situé à environ 5 kilomètres dans l'ouest de leur route et qui avait été établi au printemps. Au delà, la route devint très difficile, en raison de la présence de crevasses s'ouvrant perpendiculairement à la direction suivie par la caravane et qu'une couche de neige trompeuse masquait.

Six heures de marche dans le sud-ouest amenèrent la caravane sur un meilleur terrain, et les crevasses devinrent plus petites. Un essai de marche droit au sud vers le point où devait être établi le dépôt n'eut d'autre résultat que de conduire l'escouade dans une nouvelle zone de crevasses; encore une fois, il fallut obliquer vers l'est-sud-est. Le 25 janvier, à minuit, Joyce atteignait le point où il avait été convenu d'installer le dépôt, à environ 22 kil. 5 au large de la colline Minna.

Dès le lendemain matin, les hommes se mettent à l'œuvre. Pour marquer l'emplacement du dépôt, ils dressent un monticule de neige de 3 mètres de haut, sur lequel ils plantent deux bambous de 3 m. 30 attachés ensemble et portant trois pavillons noirs. La hauteur totale du signal est de 6 m. 60; il est visible à 13 kilomètres à la ronde. J'avais fixé l'emplacement de ce dépôt d'accord avec Joyce, au cours de la première expédition faite au printemps pour établir le dépôt A avant mon départ pour le sud. Il se trouvait à l'intersection de deux alignements, l'un passant par le pic pointu de la colline Minna et le sommet du mont Discovery, l'autre par le pic central de l'île Blanche et un piton de l'Erebus.

Le 27, l'escouade battit en retraite. A quelque distance de là, Day aperçut une perche émergeant de la neige, à une petite distance dans l'ouest. C'était le dépôt installé en 1902 pour le groupe du sud de l'expédition de la *Discovery*. Un bambou, surmonté d'un pavillon en loques et d'une boîte de fer-blanc, se

dressait au-dessus du glacier. Nos camarades creusèrent jusqu'à
1 m. 50 sans atteindre la cache.

Le vent soufflant au sud, une voile fut hissée sur le traîneau.
La traction devint alors si facile que trois hommes prirent place
sur le véhicule. Malgré cette surcharge, l'attelage n'en garda pas
moins une vitesse de 6 kilomètres à l'heure environ. Après cela,
la caravane entra dans la zone crevassée produite par la rencontre
de la Barrière avec les terres situées dans l'ouest et, pendant près
de 60 kilomètres, elle dut faire mille tours et détours pour
éviter ces gouffres ; Joyce prétend avoir compté cent ving-sept
crevasses de 0 m. 60 à 9 mètres de large. Les plus grandes étaient
béantes et, par conséquent, faciles à éviter, tandis que les petites
étaient généralement couvertes.

Le 30, un nouveau blizzard éclatait ; finalement, le 31 janvier,
à onze heures du soir, on arrivait à la pointe de la Hutte. Le
2 février, l'escouade repartait pour le sud. Joyce évita les crevasses
en faisant pendant deux jours un détour dans l'ouest. A mon avis,
la zone disloquée s'étend de l'île Blanche vers le cap Crozier ; mais,
dans l'ouest, les crevasses sont recouvertes d'une couche de neige
plus épaisse. Arrivés près du dépôt, nos camarades furent assaillis
par un blizzard très violent et eurent toutes les peines du monde
à installer leur campement. Lorsque le vent tomba, les tentes
étaient littéralement enterrées, et leurs occupants éprouvèrent de
grosses difficultés à en sortir. Les chiens étaient, eux aussi, complètement ensevelis, mais ils paraissaient très heureux sous ce
tapis glacé. Une fois chiens et traîneaux extraits de la neige, on se
remit en route et, le 8, à deux heures du matin, on rejoignit le dépôt
de la colline Minna.

« Nous nous attendions, écrit Joyce, à y trouver le groupe du
Sud. Aussi grande fut notre inquiétude en n'y rencontrant personne. Les ordres que j'avais reçus portaient que nous devions

battre en retraite le 10, si l'escouade du Sud n'était pas de retour.
Entre temps, le vent s'élève et bientôt un nouveau blizzard furieux
se déchaîne jusqu'au 11. A chaque embellie, nous grimpons sur
le monticule de neige pour inspecter l'horizon avec nos jumelles,
espérant à chaque instant apercevoir Shackleton. Le 11, pour
guider notre chef vers le dépôt, nous plantons plusieurs pavillons
de 6 kilomètres en 6 kilomètres, dans la direction que nos camarades doivent tenir. Ils sont en retard de onze jours ; ils doivent
donc être à court de vivres. Après cela, nous décidons de partir
en avant à leur recherche. A toutes les haltes, nous grimpons sur
le traîneau et sondons l'horizon, prenant pour un homme ou une
tente chaque tas de neige que nous distinguons. Le 13, nous
découvrons les pistes laissées par la caravane de Shackleton à
l'aller; les empreintes des pieds des poneys et les traces des quatre
traîneaux sont encore visibles. Nous les suivons pendant sept
heures jusqu'à ce qu'elles disparaissent. Le lendemain, de grand
matin, nous battons encore le terrain en avant, vers le sud,
espérant toujours apercevoir nos camarades. Ce que l'on peut
voir dans des circonstances semblables, et surtout avec une
lumière blanche, est inimaginable. Nous rebroussons chemin,
pleins d'appréhensions sur le sort de l'escouade du Sud. »

Le 16, à midi, Joyce et ses compagnons de route sont de retour
au dépôt. A mesure qu'ils s'en approchent, ils ont la conviction
qu'ils vont nous y trouver. Arrivés près de la cache, ils constatent
qu'elle est dans le même état que précédemment. Nos camarades,
après s'être assurés que tout est en ordre, battent en retraite,
l'esprit hanté de pressentiments sur notre sort. Nous sommes en
retard de dix-huit jours.

De la colline Minna, Joyce se dirige vers l'ancien dépôt de la
Discovery afin de relever sa position, de déterminer ainsi le mouvement d'écoulement de la Barrière, et en même temps d'évaluer la

hauteur de la chute de neige tombée depuis six ans. Ce dépôt avait été placé sur des alignements sur la colline Minna. Après avoir relevé la position primitive de cette cache, Day et Marston mesurent la distance à laquelle elle s'en trouve actuellement. L'opération donne comme résultat 2 928 mètres ; le déplacement s'est produit vers l'est-nord-est. La Barrière a donc progressé d'environ 450 mètres par an.

Le lendemain, l'escouade repartit vers le nord et couvrit 53 kilomètres. Les chiens tiraient avec ardeur, si bien que trois hommes purent monter sur le traîneau. Le second jour, on rencontra de nouveau des crevasses, et plusieurs chutes se produisirent. Ces fentes étaient orientées pour la plupart est-sud-est et ouest-nord-ouest. Dans cette région, nos amis échappèrent par miracle à une catastrophe. Je laisse la parole à Joyce pour le récit de cet incident dramatique : « Nous marchions bon train sur une nappe très dure, quand, tout à coup, je sens mon pied pris. Je lance un cri d'encouragement aux chiens qui bondissent en avant. A peine le traîneau a-t-il touché la rive que le pont de neige, sur lequel nous venons de passer, s'écroule. Marston, qui court à l'arrière du traîneau, se sent tomber à la renverse, mais heureusement l'impulsion du traîneau l'entraîne en terrain ferme. Nous retournant, nous apercevons alors à nos pieds un gouffre béant. Par une chance inespérée, nous avons échappé à la mort. Day prend une vue de la crevasse ; après quoi nous obliquons vers le cap Crozier. A cinq heures du soir, nous sortons de la zone crevassée. »

Le lendemain, une longue marche sur une bonne piste amène l'escouade au cap Armytage. Pendant cette expédition, la débâcle s'était produite dans le sound, par suite, la seule route praticable était celle de la brèche de la Colline. Pendant ce trajet, un blizzard survint, et seulement au prix de grandes difficultés, à

MARSTON ESSAYANT DE RAVIVER DE VIEUX SOUVENIRS.

deux heures du matin, nos camarades rallièrent la pointe de la Hutte, après avoir franchi 72 kil. 5 en un jour. Une telle vitesse est tout à fait exceptionnelle ; la piste avait été excellente, le vent favorable, et les chiens avaient tiré avec ardeur. Dans son rapport, Joyce ne tarit pas d'éloges sur les chiens durant ce voyage. Quoique halant plus de 45 kilogrammes par tête, ils galopaient presque tout le temps. Ces animaux souffrirent beaucoup de l'ophtalmie. Pour se soulager, ils creusaient des trous dans la terre et s'y fourraient le museau. Ce traitement parut très efficace.

Puisque je relate ici le satisfecit que Joyce décerne aux chiens, je profite de l'occasion pour dire que, à mon avis, on devrait dresser les équipages de chiens à être menés ; un homme à pied ne peut les suivre, et on les fatigue en voulant les faire marcher à son pas. En laissant ces animaux avancer à leur allure normale, avec une charge légère, par exemple 32 kilos par bête, il est possible de couvrir 65 kilomètres par jour sur une bonne piste.

CHAPITRE VIII

L'EXPÉDITION AU POLE MAGNÉTIQUE
LE RETOUR EN NOUVELLE-ZÉLANDE

LE 19 septembre 1908, je remis au professeur David des instruc-tions détaillées sur l'expédition au Pôle magnétique, dont je lui confiais la direction et à laquelle devaient prendre part également Douglas Mawson et Alistair Mackay. Jusqu'au 4 octobre, le professeur David s'occupa à établir, avec des traîneaux et l'automobile, des dépôts sur la route qu'il devait suivre lors de sa grande expédition. Cela n'alla pas sans peine. Enfin, le 5 octobre, les excursionnistes, prêts à partir, se mettaient en route.

De leur voyage d'aller qui dura trois mois et dix jours je ne dirai qu'une chose, c'est qu'il fut accompli au prix de difficul-tés sans cesse renaissantes, dont ils triomphèrent grâce à leur courage et à leur sentiment du devoir, et je laisserai la parole au professeur David pour raconter son arrivée au but que je lui avais assigné et son voyage de retour, qui ne manque pas de péripéties.

« *15 Janvier.* — Lever à six heures du matin. Froide brise du

sud ; température : — 18°,3 à neuf heures trente. Latitude : 72° 42′.
A onze heures quarante, observation magnétique. L'inclinaison
est ici de 89° 45′ ; l'angle fait par l'aiguille avec la verticale n'est
donc plus que de 15′. Enfin nous touchons presque le Pôle
magnétique. Les observations de Bernacchi, durant les deux ans
de séjour de la *Discovery* à l'île de Ross, montrent que les variations journalières de l'aiguille aimantée sont parfois considérables. A une petite distance du Pôle, le compas pointe dans des
directions légèrement différentes aux diverses heures du jour ;
le centre d'attraction exécute donc une révolution journalière
autour d'une position moyenne. Le soir, l'inclinaison est de
89° 48′.

« Couvert aujourd'hui 22 kil. 5. Se fondant sur l'augmentation
rapide de l'inclinaison dans ces derniers jours et sur les observations de Bernacchi, Mawson estime à 21 kil. 500 environ la
distance à laquelle nous devons nous trouver de la position
moyenne du Pôle magnétique.

« *Samedi 16 Janvier*. — Lever à six heures du matin. Nous
abandonnons la plus grande partie de nos bagages et prenons
seulement la tente, le sac-lit et quelques vivres. Nous emportons
également les pieds du cercle d'inclinaison et du théodolite pour
les employer à jalonner notre route, le compas ne donnant
plus aucune indication utile. A 3 kil. 200 du dépôt, nous plantons
le pied du cercle d'inclinaison, puis, 3 kil. 200 plus loin, le pied
du théodolite ; enfin, à 3 kilomètres au delà de ce repère, nous
dressons la tente et déjeunons. Nous avançons ensuite de 8 kilomètres dans la direction du Pôle magnétique, de façon à nous
placer dans la position moyenne calculée par Mawson : 72°5′ 2 de
latitude sud et 155° 16′ de longitude est.

« Nous enfonçons le mât de pavillon. Puis nous nous découvrons
et hissons l'*Union Jack* à trois heures trente. Pour obéir aux

instructions du lieutenant Shackleton, je prononce alors la formule : « Je prends possession de la zone renfermant le Pôle magnétique au nom de l'Empire britannique. » Nous poussons ensuite trois hurrahs en l'honneur du roi. Pour fêter ce grand événement, nous nous octroyons ce soir-là un hoosh plus copieux que d'habitude. Mawson refait le paquetage, après quoi nous nous couchons anéantis de fatigue, mais satisfaits d'avoir pu remplir la mission qui nous avait été confiée. Le lendemain, à dix heures du matin, conseil pour discuter la situation et aviser aux moyens de rallier le *Nimrod*, tandis qu'il croisera le long de la côte, vers la barrière Drygalski.

« Les premiers jours de la retraite se passent sans trop de difficultés ; celles-ci commencent avec la journée du 3o. Devons-nous reprendre la pente de neige que nous avons suivie à l'aller ou bien suivre le grand glacier Larsen jusqu'à sa jonction avec la barrière Drygalski ? Mackay est partisan du premier itinéraire, Mawson et moi du second. « Un bon tiens vaut mieux que deux tu l'auras », répète Mackay. Mawson et moi, nous redoutons qu'à la suite du dégel la glace n'ait fondu au pied de notre ancienne route et que nous ne puissions descendre les escarpements rocheux. Il nous faudrait alors rebrousser chemin en opérant une ascension très pénible. Il faudrait monter environ 400 mètres sur une distance de 1 600. L'événement prouva que Mackay avait raison et que nous avions tort. Donc nous descendons le glacier principal, bordé de falaises constituées d'un granit rouge sombre et d'une roche éruptive sombre.

« Mawson souffre tellement de sa jambe qu'il ne peut marcher qu'à grand'peine. Pour comble, Mackay et moi nous souffrons d'ophtalmie. A 9 kil. 65o environ du campement du déjeuner, le glacier du mont Larsen devient très rapide. De plus, à droite, vers son confluent avec le glacier Drygalski, il est fendu d'innom-

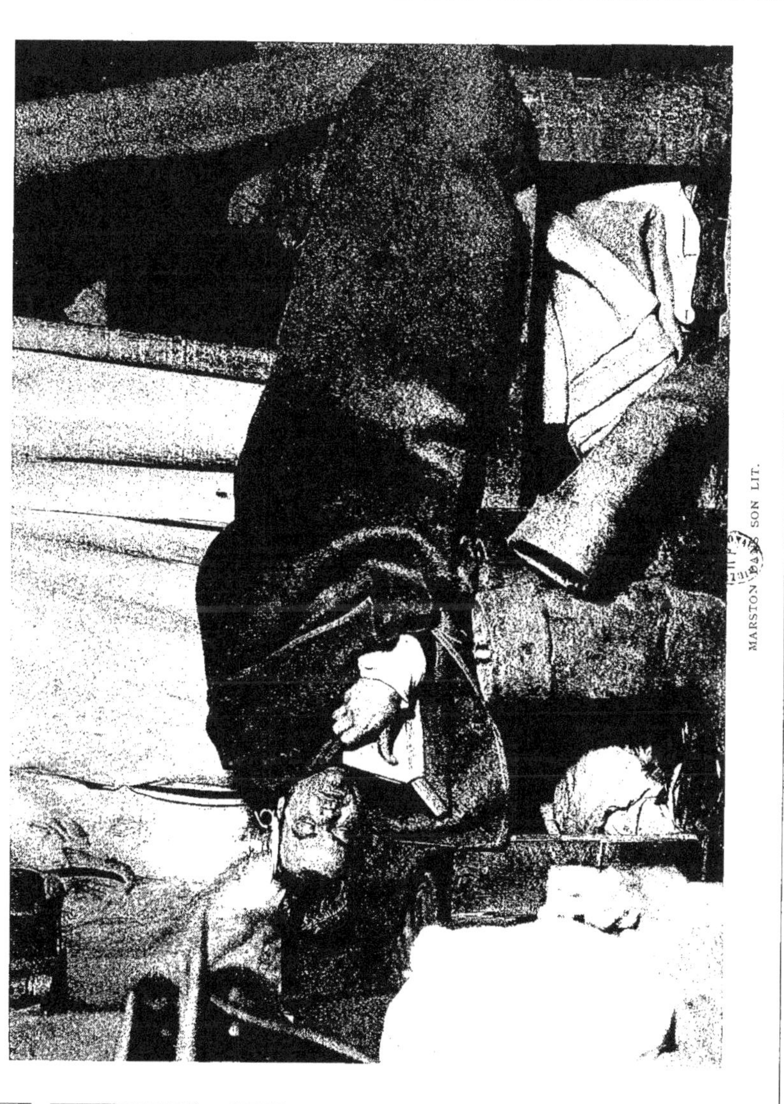

AU CŒUR DE L'ANTARCTIQUE.

Pl. 31, page 144.

brables crevasses et accidenté de crêtes très .saillantes. Nous inclinons donc vers la rive nord. A la fin, la déclivité devient si raide que nous avons toutes les peines du monde à retenir le traîneau et à l'empêcher de s'emballer. Nous faisons alors halte pendant que Mackay part en reconnaissance. De retour, il nous annonce que l'étroite bande de neige qui recouvre le glacier, près de la rive sur notre gauche, s'étend jusqu'en bas de la descente et paraît praticable. Mais, avant de s'engager dans cette voie, il est nécessaire de munir le traîneau de freins. Pour cela Mackay enroule les patins de corde goudronnée, après quoi nous mettons le véhicule tout doucement en mouvement, prêts à le lâcher, s'il vient à s'emballer. Le frein de Mackay fait merveille, si bien qu'il devient nécessaire de pousser légèrement le traîneau pour le faire avancer. Les grandes crevasses et les chutes de glace se trouvent un peu sur notre droite.

« Nous sommes maintenant sur une glace totalement différente de celle que nous avons rencontrée jusqu'ici. Elle est en plaques semblables à des tuiles qui ont une pente d'environ 45° et constituent un sérieux obstacle à la marche du traîneau, car leurs bords arrêtent les patins. La difficulté n'est pas moindre pour nous. Cette glace, si curieuse au point de vue pittoresque et si intéressante pour un glaciériste, est un terrain de marche abominable; sous notre poids, les tuiles de glace se brisent et nous enfonçons jusqu'au genou. Fréquemment nous tombons et avons toutes les peines du monde à nous relever. Parfois les tuiles sont assez épaisses et assez solides pour supporter notre poids. Mais, comme leur surface forme un angle de 45° sur l'horizontale, nous glissons de côté, et à chaque pas nous risquons une entorse. Après une courte marche sur cette surface diabolique, nous prenons le parti de camper sur la glace vert pâle d'un lac voisin. Mawson essaie la résistance de la nappe et affirme que, bien que peu épaisse, elle peut nous porter. Nous avançons sur ce lac, pendant une centaine de mètres, vers son extrémité nord-est. Il y a de ce côté un peu de neige qui pourra servir à border le bas de la tente. Entre temps, le ciel s'est couvert. Pour assujettir le piquet de la tente, nous faisons de petits trous dans la glace, puis, tandis que Mackay cuisine, Mawson et moi nous entassons un remblai de neige autour de notre abri. Ensuite nous allons en reconnaissance.

« Nous découvrons que dans l'est, c'est-à-dire sur la route vers notre dépôt du Drygalski, le glacier est hérissé d'énormes crêtes et déchiré d'innombrables crevasses. Dans cette direction, le passage semble fermé. Le seul itinéraire praticable paraît passer près de la moraine latérale, à l'endroit où le glacier la rejoint. Encore cette route ne semble-t-elle pas précisément facile.

« *31 Janvier*. — Lever vers onze heures du matin. Après avoir allégé le traîneau de la moitié de sa charge, nous partons à la recherche d'un passage vers la banquise ou vers la barrière de Drygalski. Nous longeons la moraine latérale sur une distance de 800 mètres, en suivant une dépression engendrée, selon toute vraisemblance, par l'écoulement de l'émissaire des petits lacs. Dans ces parages, Mawson crève la glace et enfonce dans l'eau jusqu'au-dessus du genou. Malgré nos efforts pour le maintenir droit, le traîneau culbute fréquemment contre les aspérités de la glace. Nous franchissons une série d'ondulations, puis traversons des dépressions couvertes de glace brisée, où nous barbotons dans l'eau, et finalement arrivons au pied d'une grande crête de glace. A notre gauche, s'élève un imposant massif de granite, dressé à pic en escarpements de 600 mètres. La pression exercée par les glaciers du Drygalski et du mont Larsen l'un contre l'autre a produit, au milieu de cet appareil, de puissants bombements orientés obliquement à la direction de la côte.

« *1er Février*. — Il neige. La chute atteint une épaisseur d'environ o m. 15. Sur la face de la tente exposée au soleil, la neige fond, et l'eau, traversant la toile, vient former de petites mares à la tête de notre lit. Mawson souffre toujours cruellement de sa jambe. Maintenant nous devons être à 25 kil. 700 seulement, à vol d'oiseau, du dépôt Drygalski. Nous n'avons plus que pour deux jours de vivres ; dans ces conditions, il est urgent d'avancer le plus vite possible et, le 1ᵉʳ février au soir, malgré une neige épaisse et un blizzard, nous nous remettons en route. Le glacier est couvert d'une couche molle épaisse de o m. 225. La marche est par suite extrêmement pénible, d'autant plus qu'il est impossible de nous diriger avec certitude à travers les tourbillons qui nous enveloppent. A huit heures du soir, nous campons ; et, une fois le dîner fini, nous nous glissons dans le sac.

« *2 Février*. — A huit heures du matin, un beau soleil brille dans un ciel clair. Nous sommes résolus à un effort désespéré pour atteindre le dépôt, d'autant que peut-être le *Nimrod* y arrivera de son côté. Une fois de plus, encore de la neige molle. Bien que réconfortés par le bon sommeil de la nuit dernière, cela tire terriblement. Nous traversons un lit de torrent glaciaire puis, plus loin, arrivons sur le bord d'une seconde dépression du même genre. Là, à côté d'un piolet muni d'un petit pavillon bleu, nous abandonnons la tente, le sac de couchage, le fourneau, l'huile et les provisions qui nous restent, le théodolite, les pieds, les collections géologiques. Puis, après avoir bu du thé et mangé deux biscuits, nous partons à toute vitesse en avant. Le traîneau allégé avance très rapidement. Après un court détour, nous traversons le lit du torrent glaciaire sur un pont de neige ; puis un peu plus loin un second.

« A 5 kil. 600 de là, nous nous arrêtons de nouveau pour manger un morceau de fromage et quelques biscuits ; nous repartons ensuite. De temps à autre, Mawson observe l'horizon à la lunette dans l'espoir d'apercevoir le dépôt. Soudain il pousse un cri de joie : il voit distinctement le pavillon, à environ 11 kilomètres. Mackay regarde à son tour dans la direction indiquée. Mais lui ne voit rien. Je ne suis pas plus heureux. Mawson suppose que nous devons souffrir d'une attaque d'ophtalmie, puis il regarde de nouveau. A sa grande stupeur, il n'aperçoit plus le dépôt. L'horizon semble monter et descendre de haut en bas comme s'il bouillonnait. Le mirage! Mawson, cependant, est certain d'avoir vu le pavillon et, en effet, peu après, il aperçoit distinctement le dépôt. Encouragés par cette nouvelle, nous poursuivons notre route.

« A minuit, le thermomètre descend à — 17°. Je sens alors que mon orteil droit est mordu par la gelée. Toute la journée, mes souliers ont été remplis de neige et mes chaussettes trempées. Le vent ayant déterminé un abaissement brusque de la température, l'eau qui remplit mes brodequins et mes chaussettes se congèle. Aussitôt on fait halte, la tente est dressée, le feu allumé et un souper préparé, tandis qu'avec l'aide de Mawson je me déchausse et me frictionne vigoureusement. Réconfortés par notre souper, nous repartons, espérant bien cette fois atteindre le dépôt, ou tout au moins le chenal situé à 1 600 mètres en avant. Mais les plans les mieux combinés échouent souvent.

« En avant apparaît une inquiétante raie blanche soulignée en arrière par une barre sombre. C'est, comme nous le voyons bientôt, un ravin ou *barranco* ouvert dans l'épaisseur du glacier, nouvel et redoutable obstacle. Il mesure environ 182 mètres de large et de 9 à 12 mètres de profondeur. Il est limité sur un bord par une falaise verticale et sur l'autre par un escarpement surplombant au sommet. Au nord-est, entre les murs du barranco, apparaît un ruban d'eau de mer en communication par un long et étroit chenal avec l'Océan, distant d'environ 4 kil. 800. Vers l'intérieur des terres, la dépression s'étend à perte de vue. En dessous

DES PINGOUINS EMPEREUR VISITANT LE QUARTIER DES PINGOUINS D'ADÉLIE.
SALUTS CÉRÉMONIAUX.

PINGOUINS EMPEREUR SE SALUANT.

au point où nous nous trouvons, le fond est formé de glace de mer traversée de larges crevasses de marée. A notre grande surprise, des phoques et des pingouins « Empereur » s'ébattent dans ces fissures.

« Tout bien pesé, nous décidons de tenter la traversée du barranco. Après quelques recherches, nous découvrons une pente praticable pour le traîneau et, au moyen d'une corde, nous le faisons glisser doucement jusqu'au fond. Au fond du ravin, des crevasses béantes, profondes de 3 à 4 mètres et larges de 0 m. 90 à 1 mètre, nous retardent singulièrement. Pendant la traversée du ravin, Mackay tue deux pingouins « Empereur »; leur poitrine et leur foie regarnissent le garde-manger. Pendant ce temps, Mawson examine la falaise opposée pour y chercher un passage.

« Il reconnaît qu'il est possible de l'escalader. Nous amenons le traîneau jusqu'au bord d'une formidable crevasse qui précède la pente de neige que nous espérons pouvoir gravir. Notre plan est de décharger le traîneau, de le haler ensuite jusqu'au sommet de cette pente et de le dresser debout contre la paroi afin de nous en servir comme d'une échelle pour escalader le rebord surplombant la falaise. Mackay réussit à franchir la crevasse, au moyen d'une passerelle improvisée avec les montants de la tente. Après quoi il arrive sans trop de difficultés jusqu'au monticule sous la corniche de la falaise. Mais, à notre grand désappointement, ce monticule est formé de neige molle. Le piolet y enfonce jusqu'au manche. Par suite il est impossible de dresser ici le traîneau. Le passage est donc impraticable; nous ramenons le traîneau vers la falaise nord-ouest par laquelle nous étions descendus au fond du barranco. Mawson se place à la tête du véhicule avec le pic et la corde de halage, tandis que Mackay et moi nous le poussons par derrière. Au prix d'efforts considérables, nous parvenons à faire avancer le traîneau de quelques pouces. Dès que nous avons gagné un peu de terrain, pour l'empêcher de revenir en arrière pendant que nous soufflons, Mawson enroule la corde autour de son piolet. A force de patience, nous arrivons au sommet de la paroi et nous voici de nouveau sur le plateau, mais toujours séparés de notre dépôt par le barranco. Nous ne sommes guère éloignés de plus de 4 kil. 800 du but ; aussi prenons-nous le parti de nous reposer pour nous remettre un peu de cet effort acharné.

« Si le *Nimrod* découvre le pavillon du dépôt et se tient près de la côte, nous pourrons d'ici gagner l'embouchure de l'inlet et lui faire des signaux. Depuis la veille huit heures du matin, nous sommes debout. Nous dînons d'un hachis de foie de pingouin, puis à sept heures du matin nous nous glissons dans notre sac. Un quart d'heure après, comme nous le sûmes plus tard, le *Nimrod* passa, faisant route vers le mont Melbourne, à 3 milles environ de la falaise de glace sur laquelle nous étions campés. Des tourbillons de neige chassés par une brise légère masquèrent aux hommes de quart le pavillon du dépôt et notre tente.

« *3 Février*. — Après avoir dormi de sept heures du matin jusqu'à onze heures, nous nous levons, déjeunons, rechargeons le traîneau et repartons vers la rive nord du barranco. Au fond du ravin grouillent des phoques et des pingouins. Sur une centaine de mètres sont réunis plus d'une centaine de phoques. Aussi Mackay part de nouveau à la recherche d'un passage. A quelques pas de là, il découvre un pont de neige et nous crie aussitôt la bonne nouvelle.

« Quelques instants après nous sommes devant ce pont. A chaque extrémité s'ouvre une crevasse, et, au milieu, le tablier semble fléchir. Nous nous avançons avec les plus grandes précautions, rien ne bouge ; nous lançons alors le traîneau jusqu'au milieu, puis, escaladant la rive opposée, nous le halons ensuite de toutes nos forces. Quelques minutes plus tard, nous avions franchi le dernier obstacle qui nous séparait du dépôt. A dix heures trente du soir, nous atteignons un monticule de glace, au sud de l'inlet, dans lequel se termine le barranco. N'en pouvant plus, nous campons sur ce tertre à 1600 mètres du dépôt.

« Après le dîner, nous discutons la situation. En premier lieu, il nous paraît préférable d'aller camper près du dépôt ; là, la tente peut être aisément aperçue du large et, de ce point, nous aurons une vue plus étendue sur la mer. Si le *Nimrod* ne paraît pas, nous devrons essayer de gagner par terre la pointe de la Hutte, en nous nourrissant, en route, de viande de phoque. Cette perspective n'est guère réconfortante. Nous aurons à franchir 320 kilomètres sur une côte hérissée d'escarpements rocheux et coupée de glaciers très crevassés. Mackay est d'avis que, si d'ici quelques jours le *Nimrod* ne paraît pas, il faudra nous mettre en route. Nous laisserons au dépôt un document pour le *Nimrod* au cas où il arriverait ici ultérieurement. Nous l'avertirons d'avoir à nous chercher le long de la côte, et, s'il ne nous découvre pas, de faire des dépôts de vivres et de pétrole dans plusieurs localités déterminées. Mackay estime que, par ce moyen et avec un peu de chance, nous pourrons atteindre la pointe de la Hutte avant l'équinoxe de Mars. Mawson et moi sommes, au contraire, d'avis d'attendre ici jusqu'aux derniers jours de février.

« En somme, à quelque point de vue qu'on l'envisage, notre situation n'est pas brillante. Un long séjour dans la région maussade du glacier Drygalski, où les chutes de neige sont fréquentes et abondantes, ne sera pas agréable. La perspective d'une marche longue, difficile et périlleuse pour atteindre la pointe de la Hutte n'est pas non plus très réconfortante. De plus le régime du phoque et du pingouin, qui pour le moment fait nos délices en raison de sa nouveauté, sera à la longue rebutant.

« Fort découragés par la vision des fatigues qui nous attendent, nous allons commencer les paquets pour gagner du temps, lorsqu'une détonation retentit tout proche. A ce bruit, nous tressaillons, puis voici une seconde décharge beaucoup plus forte. Nous demeurons interdits. « C'est un coup de canon ! » s'écrie Mawson, et il se précipite vers la porte de la tente. Comme celle-ci est étroite et en forme d'entonnoir, il se produit un encombrement. Apercevant sur le côté une petite ouverture, j'allonge précipitamment la tête, juste pour recevoir un coup de pied de Mawson en train de sortir. Tandis que je reprends mon équilibre, Mackay se précipite à son tour, me renverse et n'hésite pas à me marcher sur le corps. Quand enfin je suis parvenu à me remettre sur mes pieds, Mawson est déjà à 100 mètres et Mackay à environ 50. « Apportez quelque chose à agiter en l'air », me crie de toutes ses forces Mawson, et je retourne en courant vers la tente pour prendre le sac de Mackay. Quand je reviens à toute vitesse, le spectacle le plus émouvant se déroule devant moi. A moins de 40 mètres, le bon vieux *Nimrod* s'avance droit vers l'anse au fond de laquelle nous sommes. En nous apercevant tous trois accourir vers la mer, tous les hommes du bord poussent de retentissants hourrahs. Combien profonde est notre émotion ! Qui ne s'est pas trouvé dans une situation pareille ne peut se rendre compte de la violence des sentiments qui nous assaillent. Dans un instant aussi dramatique que délicieux nous avons l'impression de passer de la mort à la vie. Le sentiment que j'éprouve tout d'abord est un immense soulagement et une joie intense ; puis je ressens une gratitude fervente envers la Providence qui a si miséricordieusement envoyé nos amis à notre secours.

« Je suis soudain ramené sur terre par un grand cri de Mackay : « Mawson vient de tomber dans une crevasse, voyez, juste en face de vous ! » Mackay s'agenouille alors dans la neige, près d'un petit trou bleu-saphir, ouvert dans le névé. « Rien de

DEUX PINGOUINS EMPEREUR.

cassé ? » crie-t-il, et d'en bas arrive un « non » réconfortant. Mawson est tombé à une profondeur d'environ 6 mètres. Nous essayons de l'en tirer à l'aide des bretelles du traîneau, mais nos efforts réunis demeurent sans succès. Devant cet échec, Mackay court vers le bord de l'eau pour appeler des hommes du *Nimrod*.

« Le navire se trouve maintenant à 200 mètres, en train de mouiller le long de la falaise méridionale de l'anse. De toutes ses forces Mackay crie : « Mawson est tombé dans une crevasse et nous avons atteint le Pôle magnétique. » L'accident a été si subit que l'on ne s'est aperçu de rien à bord. Une voix claire, ferme et réconfortante, qui m'est étrangère, annonce immédiatement l'envoi d'une escouade de secours. En moins de temps presque qu'il n'en faut pour l'écrire, officiers et matelots accourent en hâte à l'avant du *Nimrod* et se laissent glisser sur la banquise. J'informe Mawson qu'on vient à notre aide. Il me répond que, pour le moment, il est tout à fait bien, que la mer pénètre au fond de sa crevasse, mais qu'il a pu se maintenir à 3o centimètres au-dessus sur une petite saillie qui a arrêté sa chute. Entre temps l'escouade, conduite par le second du navire, J.-K. Davis, est arrivée sur les lieux. Une planche est lancée par-dessus la crevasse, et Davis, avec cet esprit de décision qui le caractérise, se fait rapidement descendre dans la crevasse. Une fois au fond, il passe autour de Mawson la corde au moyen de laquelle il était descendu puis, au moyen de tractions lentes, vigoureuses et rythmées, l'escouade du *Nimrod* a bientôt ramené Mawson à la surface. Notre camarade se tire de l'aventure sans autre suite que de légères contusions dans le dos. Après Mawson, on procède à la remontée de Davis.

« Maintenant, nous pouvons serrer la main de l'escouade de secours. Nous retrouvons les visages amis de notre traversée de l'an dernier et quelques figures nouvelles. Ce sont nos vieux camarades Armytage et Brocklehurst, le docteur Michell, Harbord (l'officier qui, comme nous l'apprîmes plus tard, avait découvert le pavillon du dépôt), nos braves maîtres d'hôtel Omsel et Ellis, l'excellent maître d'équipage Cheetham, Paton, et bien d'autres encore. Quelles cordiales poignées de main, quelles sincères congratulations viennent ensuite ! Le plus empressé à nous souhaiter la bienvenue est le capitaine Evans, qui commandait le *Koonya* pendant la remorque du *Nimrod* de Lyttelton jusqu'au cercle Antarctique. La présence d'un officier aussi expérimenté et aussi réputé dans le monde maritime de Nouvelle-Zélande et d'Australie à la tête du navire nous cause la plus grande satisfaction. Le capitaine Evans me donne de suite les meilleures nouvelles de ma femme et des miens. Tandis que des mains empressées font le paquetage de nos bagages, le capitaine Evans nous accompagne jusqu'au *Nimrod*.

« A peine a-t-il mis le pied à bord que Mackay a déjà trouvé le moyen de se procurer une pipe et du tabac, et il s'en donne à cœur joie. Nos amis nous entraînent prendre le thé. Après nos cent vingt-deux jours de dur labeur sur la banquise et à travers le grand désert de neige de l'intérieur, notre petit vapeur nous paraît aussi luxueux qu'un grand transatlantique. Se trouver à nouveau confortablement assis sur une chaise et se voir servir du pain et du beurre frais, du gâteau et du thé, c'est le paradis.

« Nous apprenons alors l'aventure terrible d'Armytage, Priestley et Brocklehurst sur leur glaçon emporté par la dérive avec deux jours de vivres seulement, en compagnie de squales. Nos amis nous racontent leur sauvetage, comment ils purent profiter d'un contact momentané de leur glaçon avec la côte pour sauter sur le rivage, où ils furent recueillis plus tard par le *Nimrod*. Nous

apprenons également les aventures extraordinaires et le sauvetage providentiel de Mackintosh et Mac Gillan dans leur marche
du mont Bird au cap Royds, sans tente ni sac de couchage.
Bref, on nous met au courant de tous les événements survenus
au cap Royds ou à bord du *Nimrod* depuis notre départ.

« Après le thé vient la joie de lire les lettres de nos familles.
Toutes les nouvelles qu'elles contiennent sont bonnes. Un peu
plus tard, nous éprouvons tous trois une sensation très agréable
à laquelle nous ne sommes plus habitués, celle d'un bon lavage.
Depuis plus de quatre mois, nous ne nous étions pas nettoyés.
Après une consciencieuse lessive, une partie de la carapace de
crasse commence à disparaître et des lambeaux de peau apparaissent à travers la couche de suie et d'huile de phoque. A six
heures arrive le dîner ; à peine est-il besoin de dire que nous
lui faisons honneur. Nous mangeons comme des gloutons. Cela
ne nous empêche pas de prendre ensuite, à dix heures, avant
de nous coucher, une copieuse collation de cacao chaud et de
biscuits au gingembre. Il faut avoir couché pendant des mois
sur la neige et la glace pour apprécier le bien-être que constitue
une couchette garnie de couvertures et d'un oreiller dans une
délicieuse petite cabine. Quelques minutes de songerie plaisante,
puis un sommeil de plomb. Finie notre marche éreintante,
accomplie la mission qui nous a été confiée ; maintenant nous
pouvons dormir en repos.

« En quelques mots, je vais maintenant résumer notre voyage.
La distance totale que nous avons couverte, du cap Royds au
Pôle magnétique, puis de ce point à la barrière Drygalski, est de
2 027 kilomètres environ ; sur cette somme, 1 190 kilomètres ont
été parcourus en transportant les bagages en deux convois. Le
poids halé pendant ces 1 190 kilomètres était au début d'un peu
plus d'une demi-tonne et à la fin d'un peu moins de 500 kilos.

AU CŒUR DE L'ANTARCTIQUE

Dans le trajet de 836 kilomètres entre le dépôt Drygalski et le Pôle magnétique, tant au retour qu'à l'aller, nous avons tiré une charge variant de 304 kilos au début à environ 200 au retour.

« Notre voyage a duré cent vingt-deux jours. Sur ce nombre, cinq furent passés sous la tente par suite de violents blizzards, cinq autres occupés à des expériences de cuisine avec la graisse de phoque et à la préparation des provisions pour l'ascension du plateau; trois autres furent consacrés à des reconnaissances, à des observations magnétiques, etc. En cent-neuf jours de voyage effectif, nous avons couvert 2 027 kilomètres, ce qui fait une moyenne d'environ 19 kil. 300 par jour.

« Nous avons ouvert une route vers le Pôle magnétique. Les futures expéditions qui marcheront sur nos traces devront débarquer une escouade solide et bien équipée, soit à l'inlet du Secours, soit, mieux encore, aussi près que possible du petit glacier qui nous a conduits sur le plateau. Le débarquement devra avoir lieu en décembre, aussitôt que le permettra l'état de la glace. Trois hommes, soutenus par une autre escouade de pareil effectif avec de bons attelages de chiens et une abondante provision de viande de phoque, pourront marcher de conserve jusqu'à environ 112 kilomètres dans l'intérieur des terres. A cette distance, l'escouade de soutien se séparera du premier groupe et fera l'ascension du mont Nansen. Pendant ce temps, le premier détachement pourra se diriger vers le Pôle magnétique à l'allure d'au moins 25 kilomètres par jour. Cela permettra un séjour d'une ou deux semaines au Pôle et le retour à la côte pour les premiers jours de février. Un troisième groupe pourra s'employer à explorer les contreforts des monts Larsen et Nansen, à relever les prodigieuses moraines de cette région et enfin à étudier la côte profondément dentelée qui s'étend du mont Nansen au volcan encore inexploré que forme le mont Melbourne. »

UN ASPECT DE LA ROOKERY DES PINGOUINS APRÈS UN BLIZZARD.

PINGOUINS SE SOULEVANT HORS DE LA NEIGE.

AUX QUARTIERS D'HIVER

Ici finit la relation du professeur David sur sa belle expédition au Pôle magnétique. Je reprends maintenant mon récit pour raconter les derniers incidents de notre séjour dans l'Antarctique et enfin notre retour vers la civilisation.

Le 11 février, le *Nimrod* ayant à bord l'escouade du Nord, rallie les quartiers d'hiver, où il débarque Mawson. Les seuls habitants de la station à cette date sont Murray, Priestley, Mawson, Day et Roberts. Aucune nouvelle n'est encore parvenue du groupe du Sud, et le détachement envoyé pour le ravitailler n'est pas encore de retour. Le navire mouille la plupart du temps derrière la Langue du Glacier, poussant de temps à autre jusqu'à la Hutte de la Discovery, pour surveiller le retour des absents. Le 20 février, on apprend que l'escouade de ravitaillement est restée à la pointe de la Hutte sans avoir vu l'escouade du Sud.

Mes instructions portaient que, si nous n'étions pas de retour le 25 février, on devrait débarquer à la pointe de la Hutte un détachement avec un attelage de chiens, lequel partirait à notre recherche le 1er mars. Le 21 février, Murray et le capitaine Evans commencèrent les préparatifs pour le débarquement de cette escouade de secours. Le *Nimrod* se rendit d'abord au cap Royds pour embarquer Mawson. J'avais exprimé le désir que le commandement du groupe lui fût offert. Immédiatement, il accepta cette nouvelle mission. Ce détachement était exposé à passer un second hiver dans l'Antarctique, le navire ne pouvant attendre son retour. Bien que la perspective ne fût pas engageante, les volontaires ne manquèrent pas. Une fois ces arrangements terminés, la plupart des membres de l'Expédition débarquèrent pour achever l'emballage du matériel et tenir tout paré pour le départ. Le *Nimrod* était mouillé sous la Langue du Glacier, quand j'arrivai à la pointe de la Hutte avec Wild le 28 février. Après mon débarquement avec le groupe de secours pour aller chercher Adams et Marshall, le navire se rendit au cap Royds, afin d'y prendre ceux de nos camarades qui y étaient encore ainsi que des collections et des vivres.

Le *Nimrod* mouillé près du rivage mit deux canots à l'eau. Le seul point convenable pour embarquer, situé à proximité du navire, était une falaise de glace peu élevée dans la baie Backdoor. Du haut de cet escarpement, il fallut descendre tous les bagages dans les embarcations à l'aide de cordes! Une forte brise gênait la manipulation des colis ; enfin, vers six heures du matin, le 2 mars, il ne restait plus à embarquer que les hommes et les chiens. La descente des chiens un à un dans les canots fut naturellement très lente ; pendant cette opération, le vent tourna au blizzard, tandis que la mer commençait à lever. Les vagues ayant profondément érodé le pied de la falaise de glace, sa partie supérieure se trouvait par suite en surplomb. Une première embarcation, conduite par Davis, réussit à regagner le *Nimrod* sans accident. La seconde, dirigée par Harbord, lourdement chargée de douze hommes et d'une quantité de chiens, n'eut pas la même chance. Elle était arrivée à quelques mètres à peine du bord lorsqu'un aviron se brisa.

A ce moment, le *Nimrod* était obligé de prendre le large pour éviter d'être drossé sur les rochers. Une tentative pour lancer une bouée de sauvetage au canot échoua et, pendant quelque temps, Harbord et ses compagnons furent en péril. La hauteur de la mer les empêchait de sortir de la baie, et la corniche de glace surplombante leur interdisait l'approche du rivage. L'embrun soulevé par la tempête les recouvrait d'une carapace de glace, et ils avaient les mains gourdes et à moitié gelées. Après une heure de lutte, le vaillant équipage parvient à saisir une ligne amarrée à une ancre mouillée à quelques mètres de la falaise et que les hommes demeurés sur la côte tiennent tendue de toutes leurs forces. La situation est encore très critique, néanmoins tous les hommes et les chiens peuvent être hissés au haut de la falaise avant que l'embarcation ne soit engloutie. Des boissons brûlantes les attendent à la station ainsi qu'un bon feu. Presque tout le matériel de couchage a été embarqué, et la température est très basse dans la maison ; mais c'était déjà beaucoup que tout le monde fût sauvé.

Le lendemain matin 3 mars, un vent piquant souffle. Le *Nimrod*, qui est allé s'abriter derrière la Langue du Glacier, revient au cap Royds. La houle est encore forte, mais on trouve à l'abri du cap un nouvel embarcadère, et bêtes et gens peuvent être définitive- ment amenés à bord. Le navire retourne alors à son ancrage de la Langue du Glacier pour y attendre le retour du groupe de secours.

Vers dix heures, cette nuit-là, Mackintosh arpentait le pont du navire en causant avec quelques camarades. Tout à coup il s'ar- rête en proie à une vive agitation et s'écrie : « Je sens que Sha- ckleton est arrivé à la pointe de la Hutte. » Et il exprime de suite le désir que le navire soit mis en route vers ce point, mais per- sonne ne prend au sérieux sa prédiction. Dunlop lui conseille, puisqu'il est sûr de son fait, de grimper dans le nid de corbeau pour voir s'il aperçoit un signal quelconque. Immédiatement, Mackintosh monte, et il découvre alors notre signal lumineux à la pointe de la Hutte. Le navire se dirige aussitôt vers la cabane et y arrive à minuit. Le 4 mars, à deux heures du matin, l'Expé- dition tout entière se trouvait réunie à bord, saine et sauve.

Il n'y avait pas de temps à perdre si nous voulions essayer d'achever notre tâche. La saison était très avancée et l'état de la glace inquiétant ; je donne l'ordre de faire route vers le nord. Une brise du sud souffle bientôt. En passant devant nos quartiers d'hiver, nous montons tous sur le pont pour les saluer d'un triple hourrah. Notre maison n'était certes pas un palais; nous y avons supporté maints inconvénients, pour ne pas dire maintes privations; mais elle a été notre «home» pendant une année dont le souvenir ne s'effacera jamais de nos mémoires. Notre petite communauté y a vécu en harmonie et en somme très agréablement. C'est avec un véritable sentiment de tristesse que nous voyons cette petite maison s'effacer dans le lointain; tous nous caressons l'espoir de pouvoir y revivre des journées de lutte à l'ombre du majestueux Erebus.

Je laisse aux quartiers d'hiver des vivres en quantité suffisante pour quinze hommes pendant un an. Les vicissitudes de la vie dans l'Antarctique sont telles que cet approvisionnement pourra être très utile à une expédition ultérieure. La maison a été fermée et la clef pendue extérieurement à un endroit où elle pourra être aisément trouvée. A l'intérieur, j'ai placé une lettre faisant connaître sommairement nos travaux et donnant quelques informations de nature à intéresser les explorateurs qui viendront à passer par là.

La traversée jusqu'en Nouvelle-Zélande fut rapide et, le 22 mars, nous jetions l'ancre à l'embouchure de la rivière du Seigneur, sur la côte méridionale de l'île Stewart. Ce fut pour nous tous une journée merveilleuse. Depuis plus d'un an, nous n'avions vu que des rochers, de la glace, de la neige et la mer. Depuis ce temps, aucune végétation n'avait réjoui nos yeux et aucun chant d'oiseau n'avait charmé nos oreilles. Nous avions accompli notre tâche, mais nous avions été privés de la plupart de ces accessoires qui font la vie digne d'être vécue. Il faut avoir passé une période de sa vie dans les « sombres et mornes solitudes qui gardent le Pôle » pour comprendre ce que les arbres et les fleurs, le gazon ensoleillé et les ruisseaux gazouillants représentent de joie pour une âme

AU CŒUR DE L'ANTARCTIQUE.

Pl 35, *page* 160.

humaine. Nous débarquons sur la plage, puis, comme des enfants, nous allons gambader dans la forêt.

Je ne voulais pas envoyer mes câblogrammes de la baie de la Demi-Lune (Halfmoon Bay) avant une certaine heure préalablement fixée. En attendant nous nous ébattons sur le sable de la plage, prenons des bains de mer et grimpons aux arbres. Nous allumons du feu et faisons le thé sur la grève. Du haut des arbres descendent les notes claires et harmonieuses des oiseaux; il ne nous manque plus que des nouvelles des nôtres pour que notre bonheur soit complet. Un de nos naturalistes découvre une caverne renfermant des traces d'occupation indigène à une époque reculée; il a même la chance de trouver une herminette faite de cette pierre rare qu'on appelle *pounam* ou pierre verte.

Le lendemain matin, de bonne heure, nous levons l'ancre et, à dix heures, nous entrons dans la baie de la Demi-Lune. Je me rends aussitôt à terre pour expédier mon câblogramme. C'est en vérité une chose étrange de voir de nouvelles figures sur le débarcadère après quinze mois de solitude. Tous les spectateurs nous expriment cordialement leur joie de nous revoir. J'expédie de la petite station télégraphique mon câblogramme, puis, de retour à bord, je fais mettre le cap sur Lyttelton, le port d'où nous sommes partis le premier jour de l'année 1908. Nous y arrivons le 25 mars 1909 dans l'après-midi.

La population de la Nouvelle-Zélande, qui s'intéresse tout particulièrement à l'exploration antarctique, nous aurait certainement accueillis avec joie, quel qu'eût été le résultat de nos efforts. Lorsqu'elle connut la nouvelle de ce que nous avions réussi à faire, son enthousiasme éclata en manifestations empreintes de la plus profonde et de la plus vraie sympathie. Aussitôt que le *Nimrod* fut entré dans le port, nos amis le prirent pour ainsi dire d'assaut et, lorsque notre petit vapeur accosta, il fut instantanément couvert d'une foule si dense qu'il devint presque impossible d'y faire le moindre mouvement. On me tendit alors de grands paquets de lettres et de câblogrammes. Tous ceux qui me sont chers allaient bien, le monde était satisfait de notre œuvre, et il semblait qu'il ne dût plus y avoir jamais que du bonheur pour nous dans la vie.

APPENDICES

BIOLOGIE

NOTES PAR M. JAMES MURRAY

Biologiste de l'expédition.

C'EST en passant le cercle polaire que nous rencontrâmes pour la première fois des oiseaux particuliers aux mers antarctiques : le pétrel des neiges et le pétrel antarctique. La vaste étendue de glaces flottantes qui nous entourait aurait été morne si elle n'avait été animée par les troupes de ces beaux oiseaux. Le pétrel antarctique a des zones brunes et blanches nettement marquées ; le pétrel des neiges est d'un blanc pur, sauf le bec et les pattes, qui sont noirs. Des phoques et des pingouins se tenaient sur le bord des icebergs.

Lorsque nous approchons de la Grande Barrière, la désolation du paysage devient plus complète. En suivant vers l'est les bords de cet immense glacier, nous ne voyons plus qu'un être vivant. Mais bientôt une vaste baie s'ouvre vers le sud, tandis que la falaise de glace continue à s'étendre vers l'est. Cet baie renfermait tous les animaux qui constituent la faune antarctique. Des cétacés peuplaient la mer, des phoques et des pingouins animaient les rivages, tandis que des mouettes Skua volaient dans les airs. Nous dénommâmes ce lieu : baie des Baleines ; quand nous y repassâmes, à notre retour, elle présentait la même abondance de vie.

Peu d'endroits au monde sont aussi désolés que le cap Royds. C'est un désert où dominent le blanc et le noir, des coulées de lave alternant avec des champs de neiges. Seule, une petite colonie de pingouins d'Adélie en rompt la monotonie.

Mais, si les êtres de grande taille y font à peu près défaut, il ne faut pas croire que la vie soit totalement absente de ces parages désolés. Sur les moraines des glaciers, on rencontre des mousses et des lichens, et dans des lagunes vivent des algues.

LES ÊTRES MICROSCOPIQUES.

C'est en examinant ces algues d'eau douce qu'on découvrit une quantité d'animaux microscopiques, appartenant surtout aux groupes des rotifères et des vers. Il y avait également des infusoires, des acariens et de petits crustacés.

AU CŒUR DE L'ANTARCTIQUE

Au lac de la Côte, on vit en été les pierres de la rive se couvrir de larges taches d'un rouge-sang. On constata que ces taches étaient formées d'innombrables rotifères serrés les uns contre les autres. Elles avaient un diamètre variant entre o m. 02 et o m. 25 et une épaisseur appréciable.

On put recueillir de ces animaux microscopiques en faisant fondre la glace et en examinant les algues qui y étaient encloses. Ces organismes ne sont donc pas détruits par le froid. Dans le lac Bleu, qui ne dégela pas pendant les deux étés que nous passâmes au cap Royds, les pierres du fond furent trouvées garnies d'algues et de rotifères vivants. Ces animaux peuvent donc supporter la congélation pendant plusieurs années, sans mourir. On a pu les exposer à des température très basses, puis les placer dans de l'eau tiède, ou dans de l'eau de mer, sans qu'ils perdissent leur faculté de revenir à la vie, lorsque les circonstances redeviennent favorables.

La plupart des rotifères pondent des œufs ; quelques espèces cependant sont des vivipares. Il en est ainsi notamment de celle qui s'assemble en taches rouges (*Philodina gregaria*). La viviparité paraît favorable à ces animaux en permettant à leur progéniture de s'adapter dès le début à des conditions d'existence particulièrement rudes.

Dans les lacs salés, la vie est beaucoup moins active : des douze espèces de rotifères du cap Royds, on n'en rencontre que deux au lac Vert : *Callidina constricta* et *Adineta grandis*.

Il est à noter que la seule espèce de tardigrade trouvée au cap Royds (*Macrobiotus arcticus*) n'était connue jusqu'à présent que dans les terres arctiques, Spitzberg et Terre de François-Joseph. On l'a trouvée gelée dans la glace, à la façon des rotifères.

La dispersion de tous ces animaux microscopiques et leur transport d'un lac à l'autre se font par l'intermédiaire du vent qui les emporte avec la poussière lorsque les flaques d'eau se dessèchent. Les goélands peuvent également emporter à leurs pattes des fragments de boue peuplés d'animalcules et les déposer dans une mare déserte auparavant.

Dans les mousses, on rencontre également des rotifères et des tardigrades. Exposés à la température de l'air, bien plus basse que celle des lacs, ces animaux restent congelés pendant la plus grande partie de l'année et n'ont que fort peu de temps pour mener une vie active et se multiplier.

Les Pingouins.

On ne peut se lasser d'admirer ces oiseaux qui, par leur conformation générale, leur physionomie, leurs gestes, ressemblent à des caricatures de l'espèce humaine. Ils représentent la civilisation dans ces contrées glacées, et leur civilisation, moins compliquée que la nôtre, est à maints égards plus relevée et plus digne de ce nom. Cependant il n'y a guère d'altruisme chez eux : on peut exterminer tous les membres d'une colonie sans que les survivants s'en préoccupent, tant qu'ils ne sont pas attaqués personnellement.

Le pingouin Empereur arriva à la station en été, alors que le pingouin d'Adélie finissait de nidifier. Les deux espèces étaient indifférentes l'une à l'autre. Cependant lorsqu'un Empereur s'approchait trop près du nid d'un Adélie, celui-ci exprimait son mécontentement par de vives protestations, et l'Empereur, quoique de taille plus élevée, s'éloignait en hâte.

Les pingouins sont curieux de leur nature ; ils viennent de loin pour observer une automobile ou un homme. Quand une troupe de ces oiseaux fait une excursion, le chef les rappelle de temps en temps en poussant un croassement aigu. Quand deux troupes viennent à la rencontre l'une de l'autre, elles se saluent en criant. La première bande qui nous visita inspecta le navire, puis traversa le lac pour venir au camp. Bientôt ils découvrirent les chiens, qui excitèrent tout particulièrement leur intérêt. Depuis cette première visite, il en vint des troupes tous les jours, et, d'après la manière dont elles se dirigeaient droit vers le chenil, on pouvait croire que la nouvelle des curiosités qu'il renfermait s'était répandue au loin.

Les Empereur font des cérémonies remarquables, lorsqu'ils rencontrent d'autres Empereur, des hommes ou des chiens. La troupe, précédée d'un chef à l'air important, fait halte à quelque distance. Le vieux mâle se dandine gravement et incline son bec sur sa poitrine. Puis dans cette posture il fait un long discours, formé de sons courts groupés par quatre ou cinq. Quand le discours est terminé, la tête reste encore penchée pendant quelques secondes, puis elle se relève et le bec décrit une large cercle ; enfin le pingouin vous regarde fixement pour voir si vous avez compris. Comme, en général, on n'a pas compris, le pingoin fait une nouvelle tentative. Il paraît persuadé qu'à force de patience il finira par se faire comprendre de ces êtres stupides qu'il voit pour la première fois. Pendant ce temps, les autres membres de l'expédition s'impatientent. Un autre mâle se porte en avant, repousse le premier d'un coup d'aile et recommence la formalité du salut et du discours. Les cérémonies les plus solennelles ont lieu à l'égard des chiens, et j'ai vu jusqu'à trois pingouins saluant gravement et discourant devant un chien qui, de son coté, aboyait et tirait sur sa chaîne pour sauter sur eux.

Les pingouins Empereur sont très pacifiques. Tout au plus se donnent-ils parfois des coups d'ailerons, qu'ils doivent à peine sentir à travers leur épais plumage.

Ils semblent regarder les hommes comme des pingouins d'espèce plus grande. Ils s'effraient difficilement tant qu'on reste immobile ou qu'on s'avance lentement ; ils ne se mettent en fuite que lorsqu'on se dirige trop rapidement vers eux, ou si on les touche. Quand on les presse de trop près, ils se défendent et peuvent fort bien vous casser un bras d'un coup d'aile. Dans leurs combats avec les chiens, les Empereur se défendent très efficacement du bec et de l'aile ; ils ne succombent que lorsqu'ils ont affaire à deux chiens à la fois.

Les pingouins Empereur font des voyages de longue durée, dont le motif est mystérieux. Au début de l'été, lorsque nous fîmes des expéditions vers le sud, nous croisâmes un grand nombre de routes de pingouins, reconnaissables aux traces qu'ils avaient laissées. Toutes se dirigeaient de la mer vers les rivages de l'île Ross. En pays plat, les pingouins marchent debout ; leur queue les aide à maintenir leur équilibre. Ils se laissent glisser sur les surfaces neigeuses en pente, en se poussant en avant avec leurs pattes et en s'aidant parfois de leurs ailes.

Le pingouin d'Adélie se déplace rapidement dans l'eau ; son cou se trouve sous l'eau et la tête apparaît seule. Sur la glace ou la neige horizontale, il marche assez vite, mais la moindre crevasse est pour lui un obstacle sérieux. Il la mesure longtemps de l'œil avant de se décider à la sauter. Sur un terrain inégal, ces oiseaux se servent de leurs ailerons comme de balanciers. Ils se laissent glisser pour descendre les surfaces inclinées et font ainsi du toboggan comme les Empereur.

L'Adélie est très courageux. A partir du moment où il a appris à connaître l'homme, il reste près de sa couvée pour la défendre, et, quand on parcourt une *rookery* de ces pingouins, ont est assailli de coups de bec de tous côtés. Ils sont assez intelligents pour comprendre qu'ils perdent leur temps à vous frapper au niveau des bottes. Ils attaquent par derrière et sautent en l'air de façon à saisir la peau au-dessus des bottes ; en même temps, ils frappent avec leurs ailerons.

Ces pingouins se livrent à des jeux très bien réglés. L'un d'eux s'avance jusqu'au bord de la banquise, étend ses ailes, et, à ce signal, les autres placés sur un seul rang plongent simultanément. Ils ressortent aussitôt de l'eau, et le même jeu recommence. D'autres fois, une troupe de pingouins nageaient autour du *Nimrod* ; à un cri poussé par l'un d'eux, tous plongeaient, passaient sous le navire et reparaissaient sur l'autre bord.

C'est au commencement d'octobre qu'ils commencèrent à arriver à la *rookery*. Les mâles, arrivés les premiers, se mettent aussitôt à creuser des trous pour les nids et à rassembler des pierres pour en construire les parois. Dès qu'un nid est terminé, le mâle se redresse, bat lentement les ailes, puis, gonflant sa poitrine, il fait entendre une sorte de chant de triomphe, formé de grondements sonores. D'ailleurs, il se livre à cet exercice assez souvent au cours de la belle saison, jusqu'à

UNE FEMELLE D'ADÉLIE ESSAYANT D'ADOPTER DEUX PINGOUINS ÉTRANGERS DE FORTE TAILLE.

AU CŒUR DE L'ANTARCTIQUE.

ce que les jeunes soient à peu près couverts de plumes et que le temps de la mue approche.

La recherche des pierres est souvent difficile et nécessite de longs voyages. Aussi certains pingouins préfèrent-ils les voler à leurs voisins. Mais ils savent qu'ils font mal; ils ont une conscience, tout au moins une conscience humaine, c'est-à-dire la peur d'être pris en flagrant délit. L'allure furtive d'un pingouin voleur est toute différente de celle d'un pingouin honnête, qui rapporte paisiblement le caillou qu'il est allé chercher au loin.

Deux pingouins sont accroupis sur leurs nids. L'un d'eux profite de ce que l'autre regarde dans une autre direction pour lui voler ses pierres. De temps en temps, il est pris sur le fait par le pingouin honnête. Il laisse alors tomber sa pierre et fait semblant d'être occupé à ramasser, sur le territoire neutre qui sépare les deux nids, une miette imperceptible.

Les jeunes pingouins sont d'un gris d'argent, avec la tête plus sombre. Ils sont gardés à tour de rôle par les deux parents; ils sont dressés par ceux-ci à chercher dans leur bec la nourriture qu'ils leur rapportent de la mer. Pendant les premières semaines, la vie est assez calme à la *rookery*. Les jeunes ne quittent pas le nid et sont toujours surveillés par un de leurs parents. Puis les ennuis commencent : les jeunes se promènent dans la colonie, mais ne sachant pas retrouver leur domicile, ils pénètrent dans celui du voisin. Ils peuvent être acceptés, mais le plus souvent ils sont chassés de nid en nid jusqu'à ce qu'ils aient réintégré le leur.

Le moment arrive où les deux parents doivent s'absenter à la fois pour rapporter assez de nourriture à leurs enfants qui grandissent rapidement. Dès lors commence une période de désordre. Les jeunes établissent une sorte de communisme, auquel les adultes ne prennent pas part. Chacun de ceux-ci, en revenant de la pêche, a l'intention d'apporter des aliments à ses propres petits. Mais, avant qu'il ait eu le temps de les trouver ou même de les chercher, il est assailli de demandes. Il proteste, ne veut pas lâcher sa proie ; mais les jeunes le poursuivent jusqu'à ce qu'il leur ait donné de quoi manger. Il semblerait que, dans ces conditions, les jeunes pingouins les plus faibles doivent mourir de faim. Il n'en est rien cependant. Les adultes apportent assez de provisions pour que tous aient de quoi se nourrir; on ne voit pas de jeunes dépérir faute de nutrition.

Les pingouins adultes ne craignent pas le froid; en cas de tempête, ils se laissent recouvrir par la neige. Mais celle-ci peut être très nuisible aux jeunes. Peu après l'éclosion des œufs, il y eut une bourrasque formidable qui recouvrit toute la *rookery*, oiseaux et nids, d'une épaisse couche de neige. En fondant, cette neige déposa dans chaque nid une petite mare. Beaucoup de pingouins eurent la patience de déplacer leur nid pierre à pierre, jusqu'à ce qu'ils fussent arrivés en un endroit sec. Plus de la moitié des jeunes périrent dans cette tempête.

Il y a dans les colonies de pingouins d'Adélie des troubles domestiques qui paraissent dus à la faiblesse de la vue de ces oiseaux. Si, dans un moment de frayeur, l'un d'eux quitte précipitamment son nid, il ne le retrouve pas toujours et s'empare du nid d'un voisin. D'où bataille. De même, les couples ne semblent pas se reconnaître en dehors du nid; aussi les divorces sont-ils fréquents. En général, les querelles se terminent assez rapidement, et, lorsque le calme est revenu, on examine avec plus de soin les lieux, et chacun reprend possession de son nid particulier.

Si un homme se place entre un pingouin et son nid, l'oiseau commence par l'attaquer pour chercher à rentrer chez lui. S'il n'y réussit pas, il s'éloigne d'un air indifférent, fait un tour dans la colonie et revient vers son nid d'un autre côté. Il semble espérer que, de cette façon, il échappera à son ennemi.

Lorsque l'un des époux revient de la mer avec des provisions, pour monter la garde à son tour, il y a un échange curieux de civilités. Les deux oiseaux font entendre un croassement à l'unisson, en même temps leurs cous se croisent et changent de côté à chaque cri.

Il ne semble pas que les pingouins d'Adélie aient des sentiments affectifs les uns pour les autres. La formation des couples est provoquée par la seule nécessité, et les soins donnés aux petits sont purement instinctifs. On peut sans difficulté apporter des petits étrangers dan un nid qui en manque. Ils sont en général adoptés et font désormais partie de la famille au même titre que les autres.

Lorsque les petits commencent à quitter le nid, ils se rassemblent en cas d'alarme, et les adultes font autour d'eux un rampart de leur corps pour les défendre contre l'ennemi. On observe encore de l'altruisme dans les cas suivants. Notre passage à travers la *rookery* met en fuite les parents d'un jeune pingouin. Celui-ci reste seul dans le nid. Un pingouin qui vient à passer le remarque et veut faire quelque chose pour lui. Il l'appelle doucement comme font les parents, lorsqu'ils rapportent des provisions à leurs petits, puis finit par déposer quelques aliments à côté de lui. A ce moment, les parents reviennent, et l'oiseau charitable retourne à ses affaires. Cette manière d'agir a été observée à diverses reprises.

Une autre observation semble révéler un véritable instinct social. Dans une petite colonie formée de deux douzaines de nids, on enleva tous les œufs, sauf un, pour voir si les oiseaux en pondraient d'autres. Ils ne le firent pas : après être restés pendant quelque temps sur leurs nids vides, ils s'en allèrent. Mais, lorsque l'œuf unique vint à éclore, une douzaine de pingouins revinrent, et ils s'associèrent pour protéger le poussin.

Quand le moment est venu, les jeunes cessent de harceler les adultes pour en obtenir de la nourtiture. Ils se rassemblent au bord de la mer, et, si le temps est favorable, ils plongent et se mettent à nager au loin. Les parents ne les conduisent pas à l'eau et ne leur apprennent pas à nager. A cette saison, les adultes subissent la mue et ne s'aventurent pas dans l'eau. De même que les Empereur, les pingouins d'Adélie se livrent à des excursions lointaines, dès qu'ils sont débarrassés des soucis de la famille. Ainsi ils faisaient aussi le tour des lacs et exploraient les collines du voisinage.

LES MOUETTES SKUA.

Quelques centaines de ces mouettes nichaient dans les environs du cap Royds. Au lac Vert et au lac de la Côte, ces mouettes étaient réunies en colonies. Ce sont des oiseaux pillards et désagréables. On les voit assis en cercle autour d'un pingouin malade ou blessé, et, au moment où les jeunes pingouins éclosent, ils se rassemblent près des nids dans l'espoir de profiter d'une occasion.

Ils deviennent menaçants lorsqu'ils ont des œufs ou des jeunes. Mais ils attaquent rarement; au dernier moment, ils préfèrent s'envoler. Ils sont querelleurs et se disputent avec acharnement une carcasse de pingouin, alors que d'autres cadavres se trouvent dans le voisinage. Ils n'ont pas de véritable courage, comme les pingouins. Leur seule qualité est la propreté; ils profitent de toutes les mares d'eau douce pour se baigner.

CÉTACÉS.

Pendant l'été, les cétacés sont assez abondants, mais nulle part nous ne les vîmes en aussi grand nombre que dans la baie des Baleines, sur les bords de la Grande Barrière. Certaines espèces voyagent par groupes familiaux, les jeunes suivant de près leur mère.

PHOQUES.

Des quatre phoques antarctiques, celui de Weddell seul est commun au cap Royds. Le phoque crabier demeure sur les glaçons et vient rarement à terre. Le phoque de mer et le phoque de Ross sont très rares.

Le phoque de Weddell est un animal lourd et apathique. Lorsqu'il repose sur la glace et qu'on vient à le toucher ou à lancer un chien contre lui, il ouvre une large gueule, regarde avec surprise celui qui l'a dérangé et se retourne d'un autre côté pour prendre son somme, sans songer à fuir. Pourtant, quelquefois, ils essaient d'effrayer leur ennemi par un rugissement sonore.

Le crabier est beaucoup plus leste que le Weddell. Quand il n'est pas effrayé, il se déplace sur le sol de la même façon que celui-ci, en rapprochant son extrémité postérieure de l'antérieure. Quand il veut se hâter, il fait mouvoir sa queue, d'un côté à l'autre, à peu près comme celle d'un poisson, mais il ne soutient cette allure rapide que pendant un temps assez court.

LES CHIENS.

Nos chiens étaient d'origine sibérienne, mais avaient été élevés en Nouvelle-Zélande; ils descendaient d'annimaux qui avaient été abandonnés dans ces îles, il y a quelques années, au retour d'une expédition polaire. Ils étaient petits et avaient subi des croisements fâcheux. Pourtant ils supportèrent bien le climat et nous rendirent de grands services.

De jeunes chiens naquirent en cours de route. Comme ils n'étaient habitués à étancher leur soif qu'avec de la neige, ils ne savaient pas ce que c'était que l'eau douce, la première fois qu'on leur en offrit. Mais ils en apprécièrent bientôt la valeur, surtout en été. La neige avait disparu, la surface des lacs était gelée, et nous n'avions pas le temps de casser la glace plus d'une fois par jour. Les chiens souffraient de la soif, et l'un d'eux avait même pris l'habitude de ne pas boire en entier sa provision. Il emportait précieusement son écuelle dans sa gueule, la cachait dans quelque trou et la recouvrait de pierres. Bien entendu, il perdait l'eau en chemin, mais son intention était digne d'un meilleur succès.

BIOLOGIE MARINE.

Vers le milieu de l'hiver, la glace était assez épaisse pour nous permettre d'aller draguer dans une petite baie, près du cap Royds, à une profondeur de 10 à 30 mètres. Le fond était constitué par une boue noirâtre, avec des cailloux de kénite. On y trouvait des coquilles telles que *Pecten Analina*; sur les cailloux s'inséraient des éponges et des anémones de mer. Les algues rouges étaient abondantes, et une ou deux fois nous ramenâmes des Tuniciers. Il y avait également des colonies d'Annélides, des vers portant une double rangée de points phosphorescents, des crustacés de petite taille. La plupart de ces animaux sont de couleur jaune ou orange. La phosphorescence s'observe aussi chez les copépodes. Elle conserve la même intensité durant tout l'hiver.

Nous fîmes deux dragages par 100 mètres de fond. Nous y rencontrâmes des pycnogonides, des éponges siliceuses et des coraux. Dans cette zone profonde, la couleur des animaux tend plutôt vers le blanc.

OBSERVATIONS GÉOLOGIQUES

Par le professeur T.-W. *EDGEWORTH DAVID*
et RAYMOND E. PRIESTLEY

Géologues de l'Expédition.

CES observations se rapportent à la zone comprise entre le 170° de longitude est et le 150° de longitude ouest de Greenwich. Dans cette partie de l'Antarctique, la ligne de rivage est profondément échancrée par la mer de Ross. Celle-ci s'étend du 70° au 78° parallèle. A l'est, elle est limitée par des glaces qui empêchent de voir la ligne des côtes, sauf au sud-est, où le capitaine Scott a découvert la chaîne de montagnes qu'il dénomma Terre du Roi Édouard VII. Au sud, la mer de Ross s'étend jusqu'à la Grande Barrière, haute de 30 mètres. L'expédition de M. Shackleton a montré que cette barrière s'étend à 560 kilomètres au moins vers le sud. A l'ouest, ce glacier se termine en hautes vagues de pression contre le cap Crozier, le point le plus oriental de l'île de Ross.

L'île de Ross, avec ses cônes volcaniques, s'élève comme un vaste château fort à l'extrémité de cette courtine de glace longue de 750 kilomètres. Elle est formée de quatre volcans, le Terror, la Terra-Nova, l'Erebus et le Bird. Les trois premiers sont situés sur une ligne de fracture dirigée est-ouest. Une autre dislocation va probablement vers le sud, du mont Bird à l'Erebus. Ce dernier cône se trouverait donc au point de croisement de deux importantes lignes de dislocation. Plus loin vers le sud, des cratères plus petits sont situés sur ce qu'on peut appeler la zone de fracture de l'Erebus. Tel est le Crater Hill, situé près du quartier d'hiver de la *Discovery*. En redescendant encore vers le sud, on trouve les îles Blanche et Noire, également volcaniques, et, au sud-sud-ouest, le mont Discovery, avec le long promontoire volcanique appelé colline Minna et qui se dirige vers l'est-sud-est.

A travers les brèches situées entre ces îles et ces promontoires, la Grande-Barrière se déplace lentement vers le prolongement sud-ouest de la mer de Ross, connu sous le nom de *sound* Mac Murdo. Les rides de pression qu'on observe sur cette partie du glacier, ainsi que les mesures directes, montrent que la glace s'écoule vers la mer, à l'ouest comme à l'est de l'île de Ross.

Le *sound* Mac-Murdo est limité au sud par la falaise terminale de la Grande Barrière, qui n'est haute que de quelques pieds en cet endroit. Cette falaise s'étend à l'ouest à travers le détroit de Mac Murdo sur une distance de 25 kilomètres environ, jusqu'à la chaîne côtière de la Terre Victoria. Des pics majestueux de gneiss, de granite, de grès et de calcaire, couronnés par des roches volcaniques, s'élèvent presque directement de la côte jusqu'à des altitudes de 2 000 à 4 000 mètres. Sur toute leur longueur, depuis le cap Nord et les montagnes de l'Ouest, découvertes par notre expédition jusqu'au 86e parallèle, soit sur une étendue de 1 700 kilomètres, les montagnes forment le bord légèrement surélevé d'un plateau occupant l'intérieur. Cette chaîne est interrompue par endroits par des dépressions remplies par de vastes glaciers. Ceux-ci descendent jusqu'à la mer ou à la surface de la Grande Barrière et sont fortement crevassés. Ils viennent des champs de névé du plateau.

Lorsqu'on suit la côte vers le nord, on rencontre la barrière Nordenskjold, large de 9 kilomètres, et qui déborde vers la haute mer d'environ 32 kilomètres. On peut supposer que cette barrière, de même que la suivante, flotte à son extrémité libre.

Au nord de la barrière Nordenskjold, se trouve la barrière Drygalski. C'est un grand glacier, pourvu de sérac, de rides et de crevasses à son extrémité terrestre. La partie qui se projette dans la mer a 32 kilomètres de large et 48 de long ; elle a plutôt le type d'une barrière aplatie que celui du glacier.

Près de cet appareil on rencontre la baie Terra-Nova, au nord de laquelle s'élève le mont Nansen. Cette montagne, couronnée de roches sédimentaires, a fourni des calcaires et des grès aux moraines situées à son pied.

Plus loin, au nord, le beau cône volcanique du mont Melbourne atteint une altitude de 2 500 mètres. Au nord-est de ce sommet se trouve la baie Wood ; à partir de là, la côte se dirige vers l'est. Il semble que le mont Melbourne est situé sur une ligne de fracture dirigée est-ouest, comme les monts Terror et Terra-Nova. La ligne de côte remonte ensuite vers le nord, en formant la limite ouest de la baie de Lady-Newnes ; puis elle se dirige encore vers l'est jusqu'au cap Jones, qui est un volcan éteint, en face duquel se trouve l'île volcanique de Coulman. Au cap Adare, situé plus au nord, les roches volcaniques sont très développées, mais les chaînes de l'intérieur sont formées de roches plus anciennes, telles que le granite, le gneiss, les schistes. L'île Possession, également volcanique, est située au sud-sud-est du cap Adare. Ce long promontoire forme l'extrémité nord-est de la baie Robertson. A partir de là, la côte se prolonge vers le nord-ouest, sur 190 kilomètres jusqu'au cap Nord.

Sur toute cette magnifique chaîne côtière, l'action des anciens glaciers est évidente. Les vallées ont des versants aussi nets que ceux

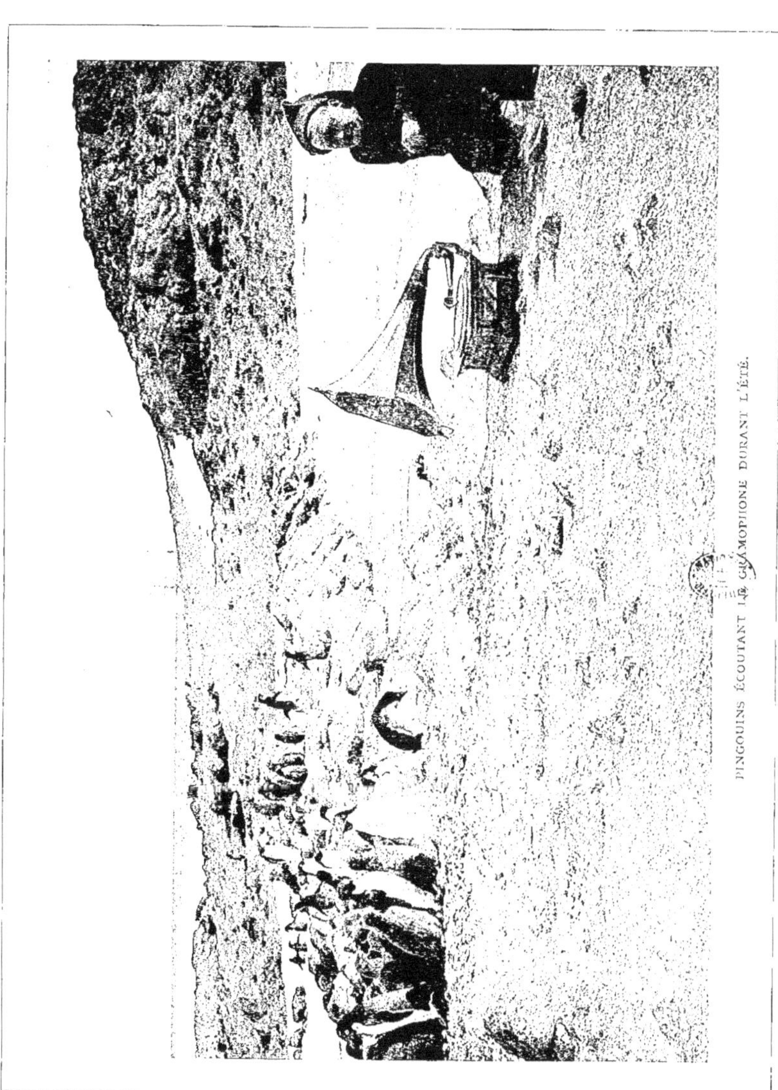

PINGOUINS ÉCOUTANT LE GRAMOPHONE DURANT L'ÉTÉ.

OBSERVATIONS GÉOLOGIQUES

d'une tranchée de chemin de fer ; on n'y voit pas les saillies et les
angles rentrants qui caractérisent les vallées creusées par les cours
d'eau. Le retrait des glaces dans certaines de ces dépressions est tout
récent. Depuis le voyage de Ross en 1841, le front de la Grande Barrière a reculé de 56 kilomètres dans le détroit de Mac Murdo. Les traces
de retrait des glaces sont apparentes depuis le mont Nansen jusqu'aux
montagnes les plus méridionales atteintes par l'Expédition, par 85° 15′
de latitude sud. Ainsi le sommet du mont Hope, situé par 83° 33· de
de latitude sud, porte des blocs erratiques à une altitude de 650 mètres
au-dessus de la surface générale de la glace qui l'entoure.

Glaciologie.

Dans la région explorée, les phénomènes glaciaires sont dus à divers
facteurs : glace de mer et glace de rivage ou *icefoot* ; glaciers ; barrières ;
inlandsis et champs de névé ; icebergs ; *pack* ; eaux de fusion. Il faut
envisager également l'action du vent et celle des changements diurnes
ou saisonniers de la température.

1° *Glace de mer.* — L'épaisseur maxima de la glace de mer, dans le courant d'un hiver, constatée par nous est d'environ 2 m. 50. Les abais-
sements de température produisent des tensions dans la glace et, par
suite, des fissures. Si le thermomètre remonte ensuite, il y a des phénomènes d'expansion, et ces crevasses s'élargissent. Comme la température de l'eau située sous la glace est toujours plus élevée que celle de
l'air, dès qu'une fissure se produit, il en sort de la vapeur d'eau ; celle-ci
se congèle le long des fentes, et la surface de la glace finit par être
recouverte d'un réseau de bourrelets, dont la hauteur peut atteindre
0 m. 15. La glace de mer est d'ordinaire séparée de la glace de rivage
par une ou plusieurs crevasses produites par les marées. Dans le
détroit de Mac Murdo, la hauteur des marées est de 1 mètre, amplement
suffisante pour produire ces fractures.

2° *Glace de rivage.* — Toute la côte est bordée d'une falaise de glace
peu élevée, couverte de neige tassée au sommet, avec parfois des lits
de sables et de graviers, c'est l'*icefoot*. En été, la base de cette falaise
est rongée par la mer, et, du sommet surplombant, se détachent des
glaçons. Vers l'intérieur du pays, la terrasse neigeuse s'élève en pente
plus ou moins rapide.

3° *Icebergs.* — Les glaciers s'avancent parfois fort loin en mer ; ces pro-
longements peuvent atteindre 30 à 50 kilomètres de long. Des icebergs
s'en détachent à la fois sur les côtés et à l'extrémité.

4° *Glaciers ordinaires.* — Un bon exemple de ce glacier se trouve au
sud du cap Barne : ce glacier se termine du côté de la mer par un
front de 30 mètres de hauteur et large de près de 5 kilomètres. Il

(177)

12.

prend sa source dans les champs de névé du versant ouest du mont Erebus. Ceux-ci sont alimentés non seulement par les chutes de neige, mais encore par la neige qui leur est apportée par les vents du sud-est.

Le glacier qui occupe la vaste dépression située entre les monts Nansen et Larsen est du type groenlandais. Il a 20 à 3o kilomètres de large et 100 à 1 10 kilomètres de long. Sa surface est crevassée et irrégulière. Il a pour origine les champs de névé du plateau de l'intérieur. En avant du front actuel du glacier Nansen, se trouve une ancienne moraine, probablement une moraine médiane. Nous pûmes la suivre sur une trentaine de kilomètres, et on doit admettre que le glacier a reculé au moins de cette distance.

Un trait curieux observé sur la plus grande partie de la côte de la Terre Victoria est l'existence, à une altitude de 3oo mètres sur le plateau littoral, d'une nappe de glace bleue de glacier. Elle atteint parfois la mer et forme des icebergs. D'autres fois, elle ne descend pas jusqu'à ce niveau et semble en voie de régression. On peut supposer qu'il s'agit là de restes de la Grande Barrière, qui remplissait autrefois le détroit de Mac Murdo et la mer de Ross. Peut-être aussi ce revêtement résulte-t-il de la coalescence d'un grand nombre de champs de névé développés dans les cirques situés au pied des collines qui bordent le plateau.

5o *Piedmont-glaciers flottants.* — Nous avons rencontré trois cas bien marqués de ces glaciers flottants. Le premier est la Langue du Glacier, située entre notre quartier d'hiver et l'ancien quartier d'hiver de la *Discovery*, à la pointe de la Hutte. Elle s'étend en mer sur 8 kilomètres de longueur. Elle a 8oo mètres de large à son extrémité et 1 6oo du côté de la terre. Au nord et au sud, cette langue de glace présente de nombreuses indentations. Sa hauteur au-dessus de la mer varie de 15 à 3o mètres. Les sondages ont montré qu'une bonne partie de ce glacier est flottante.

Il en est de même du glacier Nordenskjold, qui a 32 kilomètres de long sur 8 à 1o de large. C'est une masse de glace et de neige consolidée qui s'élève à 3o mètres au-dessus de la mer. Elle ne paraît plus alimentée que par la neige apportée par les vents. En effet, ce glacier ne communique plus actuellement avec des champs de névé et est en voie de régression.

Le glacier Drygalski flotte au moins sur les trois quarts de sa longueur ; il fait en mer une saillie de 38 kilomètres. Sa surface est très crevassée. Du côté sud, il produit dans la vieille glace de mer de fortes rides de pression, ce qui prouve que ce glacier est encore actif. A environ 8o kilomètres dans l'intérieur des terres, on le voit descendre d'un haut plateau par des cascades de glace. Au point où nous l'avons

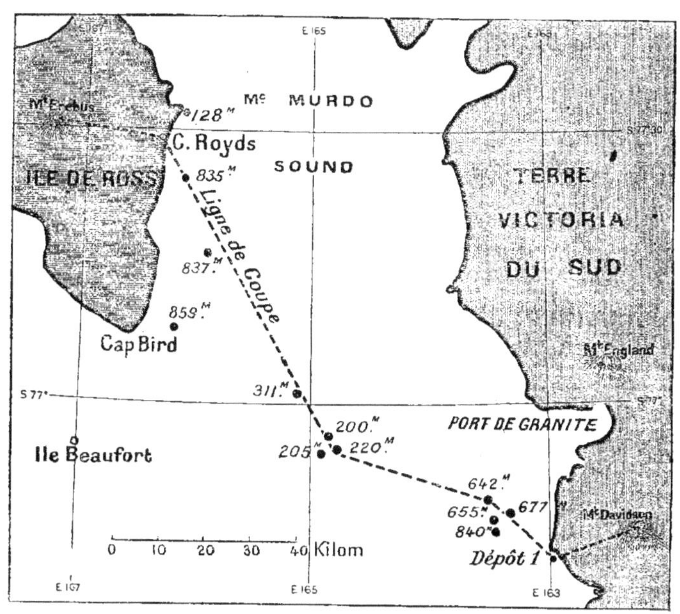

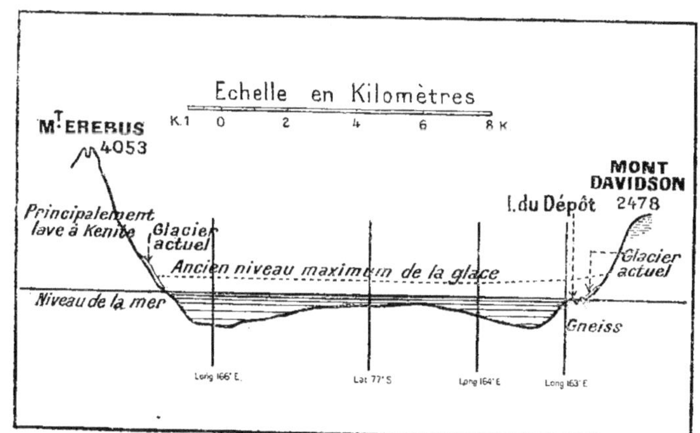

PLAN ET COUPE DU « SOUND » MAC MURDO MONTRANT L'ÉPAISSEUR DE LA GRANDE BARRIÈRE
A SON MAXIMUM DE GLACIATION.

traversé, ce glacier s'élevait de 60 mètres au-dessus du niveau de la mer et avait 19 kilomètres de large. Plus loin vers la mer, la glace est de plus en plus nivelée par la neige et finit par prendre l'apparence d'une véritable barrière.

Pendant les quelques semaines de dégel, en décembre et en janvier, des torrents se précipitent de ce glacier et creusent, dans la glace, des vallées à parois raides, ou des tunnels sous la glace. A l'époque où la glaciation était à son maximum dans cette région, le Drygalski devait être soudé au Nansen, formant ainsi un immense *piedmont-glacier* flottant.

6° *Barrière.* — La structure des glaciers Drygalski et Nansen jette quelque lumière sur l'origine de la Grande Barrière. Mais il est très difficile de déterminer la quantité de neige qu'elle reçoit annuellement, parce qu'on ne distingue pas nettement la neige nouvelle de celle qui est apportée par le vent. Cependant la découverte d'un ancien dépôt de vivres, que le capitaine Scott avait effectué six ans aupararant, a permis de jeter quelque lumière sur ce problème. D'après la profondeur à laquelle se trouvait ce dépôt, on a pu calculer que la Barrière reçoit annuellement o m. 30 de neige compacte, correspondant à une couche de o m. 17 d'eau. Or cette barrière s'étend, par endroits, jusqu'à 480 kilomètres dans l'intérieur des terres. Le déplacement du dépôt de vivres mesuré avec soin a montré que cette glace s'écoule avec une vitesse de 500 mètres par an. La neige tombée à l'intérieur du continent met neuf cents ans pour atteindre la mer et se détacher de la Barrière sous forme d'icebergs ; entre temps, elle s'est recouverte de 270 mètres de neige plus récente, qui se consolide à son tour. Cette théorie explique pourquoi les icebergs détachés de la banquise ne sont pas formés de glace de glacier, mais de neige durcie ; la glace qu'on y observe par endroits provient de la congélation de l'eau de mer qui les baigne. Ces icebergs ont une densité faible et ne sont immergés que de la moitié de leur hauteur totale. Quant à la Grande Barrière, elle flotte sur la majeure partie de sa longueur, et, sur son front, on voit fort bien qu'elle est formée de couches de neige superposées.

7° *Inlandsis.* — A l'intérieur des terres, on trouve un vaste plateau d'au moins 2 000 kilomètres du nord au sud et 300 kilomètres de l'est à l'ouest. Son altitude est de 2 000 mètres au nord, 3 000 mètres au sud. Il est entièrement recouvert de névé, sous lequel doit se trouver de la glace de glacier.

Nous avons déjà étudié les icebergs.

8° *Pack.* — Quant au *pack*, il entre dans la catégorie de la glace de mer. Ce sont des fragments de cette glace, des glaçons, des icebergs de faible hauteur que les vents du sud-est poussent vers la partie de l'océan Antarctique située entre le cap Nord et les îles Balleny.

UN PINGOUIN D'ADÉLIE TRÈS INTRIGUÉ PAR LA VUE D'UN CHIEN.

GROUPE DE PINGOUINS.

OBSERVATIONS GÉOLOGIQUES

9° *Eau de fusion.* — L'eau de fusion forme ces torrents supraglaciaires
ou intraglaciaires dont nous avons parlé à propos du glacier Drygalski.
A cette latitude de 75°, le dégel a lieu du 10 décembre jusqu'à la troisième
semaine de janvier.

 Les lacs d'eau douce ne dégèlent pas toujours en été ; il n'en est pas
de même de ceux dont l'eau est légèrement salée, comme les lacs Vert
et de la Côte. En hiver, ces lacs ne renferment plus qu'une faible quantité d'eau, sous 1 m. 50 de glace. Dans le lac Bleu, on a trouvé une épaisseur de 5 mètres de glace, ce qui paraît indiquer qu'il n'avait pas dégelé
depuis plusieurs années.

 Comme ces petits lacs sont entourés de falaises de roches, la glace,
ne pouvant s'étendre sur les côtés, se gonfle au milieu du bassin, de sorte
que la surface de celui-ci devient convexe. On trouve, parfois, dans cette
glace des lacs, de petites cavités remplies de neige.

 Les vents sont également en relation avec les phénomènes glaciaires.
Ils entraînent continuellement de grandes quantités de matières rocheuses
finement divisées, sous forme de sable ou de poussière, et vont les
les déposer sur la glace de mer. A quelque distance du rivage, ces
matériaux forment une partie appréciable des sédiments du fond de
la mer.

 En accélérant l'évaporation de la neige et de la glace, et par sa puissance érosive sur la surface des champs de neige, le vent contribue d'une
façon active à la déglaciation de l'Antarctique. La quantité de neige
transportée annuellement vers la mer doit être considérable. En effet,
pendant les tourmentes, qui durent parfois plusieurs jours, l'air est
souvent si rempli de neige qu'on ne peut voir à plus de quelques mètres.
Les traces de pas ou de traîneaux se trouvent en relief, au bout de quelques semaines, grâce à l'ablation de la neige non comprimée qui les
entoure.

 Les variations diurnes de température sont très marquées au printemps
et à l'automne. Survenant entre l'insolation continue en été et la nuit de
l'hiver, elles exercent sur les roches une action disruptive marquée. Ainsi
s'expliquent les énormes amas de débris qui entourent le mont Erebus
ainsi que d'autres sommets.

ROCHES VOLCANIQUES.

Dans l'île de Ross, les roches volcaniques les plus anciennes sont les
trachytes ; les kénites viennent ensuite ; les basaltes représentent les
éruptions les plus récentes. Cependant, au mont Erebus, il y a aussi eu
des éruptions modernes de kénite, de sorte que la succession des roches
serait la suivante, en ordre descendant :

<table>
<tr><td>Kénite du cratère actuel.</td><td>Basalte.</td></tr>
<tr><td></td><td>Basalte à olivine.</td></tr>
<tr><td>Kénite ancienne.</td><td>Trachyte.</td></tr>
</table>

Il est hors de doute que l'ensemble des éruptions à trachyte, des kénites anciennes et des basaltes à olivine, est antérieur à la plus grande extension récente des glaces.

ROCHES ARCHÉENNES.

Les roches les plus anciennes que nous ayons vues dans l'Antarctique sont des gneiss, des granites, des diorites. En quelques points, comme au cap Bernacchi, des masses de marbre blanc à gros cristaux sont interposées dans les gneiss ; elles renferment du graphite. Il y a aussi dans le granite des inclusions de quartzites d'un gris verdâtre et des lambeaux de hornblende. En d'autres endroits, des schistes à tourmaline et à épidote se rencontrent dans le gneiss.

Il semble que le marbre et les quartzites représentent une ancienne formation sédimentaire, qui aurait été détruite par la venue au jour du granite.

ROCHES PALÉOZOÏQUES SÉDIMENTAIRES.

Les roches sédimentaires les plus anciennes sont représentées par des fragments d'un schiste gris verdâtre, qui ont été trouvés à la surface du grand glacier, vers 84° de latitude. Ils paraissent provenir de collines situées plus à l'ouest.

Au cap Royds, nous trouvâmes parfois, dans la moraine, des tests de Radiolaires d'un type paléozoïque, mais sans pouvoir découvrir la roche dont ils provenaient ; peut-être viennent-ils des calcaires situés par 85°15 de latitude sud, et dont la couleur varie du gris clair au gris foncé. Ils renferment des débris ressemblant à ceux des Radiolaires. Ce calcaire est traversé de veines de calcite ; il forme des couches horizontales. On n'a malheureusement pas pu déterminer ses relations avec le grès Beacon, qui s'étend du mont Nansen au 85° parallèle.

Ce grès renferme des couches charbonneuses. L'un de ces échantillons a pu être analysé par un botaniste de profession, M. E. J. Goddard. Il y a trouvé des tissus végétaux appartenant au genre pin. Par suite, l'âge du grès Beacon a pour limite inférieure soit le Carbonifère inférieur, soit le Déconien supérieur.

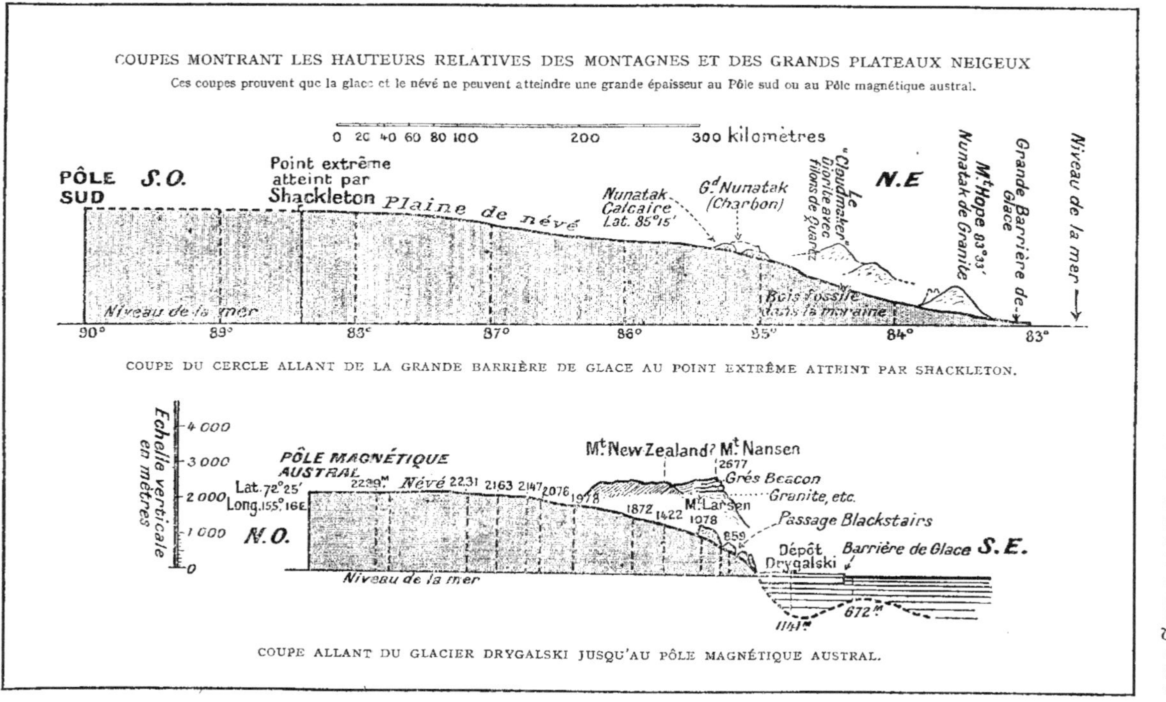

COUPES MONTRANT LES HAUTEURS RELATIVES DES MONTAGNES ET DES GRANDS PLATEAUX NEIGEUX
Ces coupes prouvent que la glace et le névé ne peuvent atteindre une grande épaisseur au Pôle sud ou au Pôle magnétique austral.
0 20 40 60 80 100 200 300 kilomètres
PÔLE SUD S.O.
Point extrême atteint par Shackleton
Plaine de névé
Nunatak Calcaire Lat. 85°15'
G.d Nunatak (Charbon)
Le "Cloudmaker" Diorite avec filons de Quartz
N.E
M.t Hope 83°33'
Nunatak de Granite
Grande Barrière de Glace
Niveau de la mer
Bois fossile dans la moraine
Niveau de la mer
90° 89° 88° 87° 86° 85° 84° 83°
COUPE DU CERCLE ALLANT DE LA GRANDE BARRIÈRE DE GLACE AU POINT EXTRÊME ATTEINT PAR SHACKLETON.
Echelle verticale en mètres
4 000
3 000
2 000
1 000
0
PÔLE MAGNÉTIQUE AUSTRAL
Lat. 72°25'
Long. 155° 16 E.
N.O.
2239.m
Névé 2231 2163 2147 2076 1978
M.t New Zealand? M.t Nansen
2677
Grés Beacon
Granite, etc.
1872 1422 M.t Larsen 1078
Passage Blackstairs
859
Dépôt Drygalski
Barrière de Glace S.E.
Niveau de la mer
1141.m 672.m
COUPE ALLANT DU GLACIER DRYGALSKI JUSQU'AU PÔLE MAGNÉTIQUE AUSTRAL.

AU CŒUR DE L'ANTARCTIQUE

Plages soulevées.

Des plages soulevées ont été observées sur le versant ouest de l'île de Ross, près de l'embouchure du glacier Ferrar et au sud-est du mont Larsen.

La première est située à 153 mètres au-dessus du niveau de la mer ; elle se trouve au fond de la baie Back Door. Elle n'occupe que quelques mètres carrés et se compose de matériaux terreux, dans lesquels on rencontre des tubes de serpules et des diatomées.

Près du cap Barne, on rencontre, à une altitude de 60 mètres, un dépôt plus abondant renfermant des spicules d'éponge silicieuses, et des coquilles de mollusques, ainsi que des tubes de serpules. La composition de cette faune indique qu'elle habitait des eaux ayant une certaine profondeur. On peut donc admettre que la partie de la côte avoisinant de cap Barne s'est relevée d'au moins 60 mètres et peut-être du double de cette valeur.

Le troisième gisement, situé près de l'embouchure du glacier Ferrar, se compose de sables bruns renfermant de nombreuses coquilles de *Pecten*. Il se trouve à une altitude de 20 mètres environ. Plus loin vers le nord, près du cap Bernacchi, il y a des terrasses bien marquées, jusqu'à une altitude de 30 mètres. A 30 kilomètres au nord de ce cap, se trouve l'île des Terrasses, caractérisée par des terrasses situées à 25 mètres au-dessus du niveau de la mer. Elles semblent bien produites par l'action de la mer, quoiqu'on n'ait pas trouvé de coquilles marines dans les sables et les graviers qui les composent.

Au sud-est du mont Larsen, se trouve un dépôt d'une vase verdâtre, sous-jacent à une moraine formée de blocs granitiques et quartzeux. Au-dessous de la vase, on rencontre de la glace. La vase renferme des tubes de serpules, un grand nombre de tests d'un foraminifère des mers glaciales, *Biloculina*, des polyzoaires, des éponges siliceuses et diverses coquilles. L'altitude du dépôt est de 7 à 10 mètres.

L'existence de ces lignes de rivage permet de supposer qu'au moment du maximum de la glaciation il y eut un affaissement provoqué probablement par le poids de la glace. Ensuite, lors du recul des glaciers, il y eut une émersion qui porta les anciens rivages à 50-70 mètres d'altitude.

Dépôts de tourbe.

Nous découvrîmes un dépôt de tourbe sur le fond du lac de la Côte. La tourbe est formée par les débris d'une plante qui vit en grande abondance dans les lacs, lorsque la glace fond, vers le milieu de l'été.

COUPLE DE PINGOUINS D'ADÉLIE AVEC LEURS PETITS.

OBSERVATIONS GÉOLOGIQUES

Il semble établi que la ligne de côtes doit sa direction et sa
position à une faille ou à une zone de failles dirigée vers l'est. Les
volcans Melbourne, Erebus, Discovery, etc., seraient situés sur cette
zone de fractures. La côte est plutôt du type Atlantique que Pacifique.
Elle ne présente pas trace du plissement andin développé sur le côté
ouest de la Terre de Graham.

Il faut admettre, cependant, que le grand bouclier antarctique,
formé de roches cristallines anciennes, a été plissé fortement dans le
passé. Mais il ne saurait l'être encore, et, si la zone de perturbation
andine le traversait, elle apparaîtrait plutôt comme une zone de fracture
avec des effusions locales de laves que comme une chaîne plissée du
type Pacifique.

NOTES SUR L'EREBUS

Par RAYMOND PRIESTLEY et le professeur T.-W. DAVID

ÉRUPTIONS VOLCANIQUES

LES éruptions de l'Erebus, comme celles du Stromboli, sont plus fréquentes lorsque le baromètre baisse. Voici la description de la plus importante éruption dont nous fûmes témoins le 14 juin 1908.

Ce matin, tandis que le *blizzard* modéré qui avait soufflé la nuit précédente diminuait, nous remarquâmes, vers 9 heures moins un quart, une activité extraordinaire de l'Erebus. Le cratère émettait de fréquentes fumerolles et le panache de fumée flottant à son sommet était plus large et plus haut que d'habitude.

A 11 h. 3o, nous constatâmes qu'une éruption, beaucoup plus importante que toutes celles dont nous avions été jusqu'ici témoins, se préparait. En une demi-minute, d'énormes masses de vapeurs étaient projetées à une hauteur d'au moins 610 mètres au-dessus du sommet, puis s'étalaient pour former un gros nuage en forme de champignon. Celui-ci devint bientôt symétrique ; tandis que la principale colonne de vapeurs s'inclinait vers le nord, poussée par le courant d'air de retour du pôle, la partie la plus élevée de la colonne, celle qui se trouvait à 6oo ou 9oo mètres, était emportée par le courant d'air supérieur vers le sud, ou plus probablement vers le sud-est. Vers 2 h. 3o, il y eut une colossale projection de fumerolles ; la nuée de fumée s'éleva presque verticalement, ou peut-être avec une légère inclinaison vers le nord, creva le nuage en forme de champignon, émergea au-dessus etle dépassa de 3oo à 6oo mètres, ce qui la porta en tout à 1 5oo mètres à peu près au-dessus du sommet de la montagne.

A 3 h. 15, une lueur brillante fut aperçue au sommet de l'Erebus. Elle illumina la colonne de vapeur tout entière jusqu'à la base du champignon. Nous observâmes alors que le sommet de cette colonne se déployait graduellement en forme de massue ; finalement, il prit la forme d'un champignon.

A 3 h. 25, une lueur particulièrement éclatante brilla tout à coup et éclaira au-dessus du cratère toute la partie inférieure de la colonne de fumerolles.

A 3 h. 45, le nuage de vapeur s'était beaucoup élargi et s'était encore élevé. Les parties les premières formées du nuage se détachent alors, poussées en longs rubans vers le sud, tandis qu'une large bande s'étendait dans l'est, quart nord-est, puis vers le nord-ouest.

A 3 h. 5o, il se produisit de nouveau une grande lueur. Les projections des fumerolles n'étaient pas régulières ; il semble, toutefois, qu'elles eussent lieu toutes les quatre à cinq minutes.

Vers 6 heures, l'inclinaison de la colonne de fumerolles vers le nord-nord-ouest ou le nord-ouest s'accentua, et la symétrie du nuage de fumée fut due à une augmentation des émissions sur le côté nord-ouest de l'Erebus. Pendant ce temps, la partie la première formée du nuage se morcellait en minces petits cirrus, à une hauteur approximative de 7000 à 9150 mètres au-dessus du niveau de la mer.

A 6 h. 40, Shackleton remarqua une lueur très brillante au-dessus du nuage de vapeurs.

A 8 heures, l'éruption sembla diminuer ; cependant le nuage de vapeurs s'étendait dans le ciel, de l'est-sud-est à l'ouest-nord-ouest (le vent étant alors nord-nord-est) et semblait passer presque au-dessus de la plage de sable et de la baie du Horseshoe. Il était alors délicatement déployé en plis harmonieux et mince comme une légère jupe de mousseline. Évidemment, le vent dans les couches supérieures avait changé de direction et soufflait à présent de l'est-sud-est à l'ouest-nord-ouest.

Cette nuit-là, il y avait clair de lune. Le ciel, d'un bleu sombre au zénith, pâlissait à l'horizon. Quand la lune passa au-dessus du grand nuage de vapeurs de l'Erebus (22° 1/2 d'arc), le spectacle devint sublime. Sa lumière se reflétait sur les petits glaciers situés au pied de l'Erebus au sud-ouest, tandis que les versants ouest et nord-ouest étaient plongés dans une ombre profonde. A mi-hauteur au-dessus de la base du cône, des vapeurs légères et blanches s'enroulaient autour de la montagne. Près de la baie Backdoor et du cap Royds, la neige, étincelant sous le clair de lune, faisait ressortir les taches brunes et noires des rochers, et, au milieu du preminr plan : notre hutte, notre étable, la nappe éblouissante et claire de notre petit lac, avec ses baies et ses criques sinueuses.

Le 17 juin, à 8 heures du matin, nous remarquâmes des cumulus extraordinairement blancs et épais de l'autre côté des cimes, derrière la hutte et vers la Horseshoe Bay.

Vers 11 heures, Mawson arriva en courant de la colline de l'Anémomètre et nous dit qu'une éruption avait éclaté d'un autre côté. Nous sortîmes précipitamment et nous vîmes distinctement, vers le nord-nord-est, une autre éruption à travers les masses épaisses des vapeurs flottantes dans les airs. Elles étaient très lourdes et roulaient tumultueusement dans le ciel, s'élevant à 610 mètres au-dessus du niveau de la mer, jusqu'à probablement 1525 mètres. Une photographie en fut prise, et, plus tard, nous constatâmes des éruptions de vapeur encore plus distinctes.

Il semble que l'éruption ait éclaté originellement sur le versant sud et sud-ouest de mon Bird, à 610 mètres au-dessus du niveau de la mer. Le nuage de vapeur se serait élevé à une hauteur de 1 500 mètres en l'espace d'un instant. Ces fumerolles doivent être parmi les plus puissantes du monde. Elles sortent surtout dans les environs de la ligne de fracture méridionale, qui descend vers le sud du mont Bird en passant par le mont Erebus.

Une description des cratères de l'Erebus a déjà été donnée dans une autre partie de cet ouvrage. Ce qui les caractérise particulièrement, c'est ce fait que l'intérieur de l'ancien cratère est abondamment garni de lits de gros cristaux de feldspath et de pierres ponces, alternant avec des lits de neige.

NOTES COMPLÉMENTAIRES SUR LES ÉRUPTIONS
Par *JAMES MURRAY.*

Nous ne fûmes pas assez heureux pour être les témoins d'une éruption d'une réelle importance. Les paroxysmes de l'Erebus se manifestent sous la forme d'augmentation des projections des fumerolles et de lueurs rouges visibles la nuit au sommet du cratère.

Il se produisit aussi des émissions de fumerolles dans des endroits éloignés de plusieurs kilomètres du cratère en activité.

La colonne de fumée. — Sous ce nom, nous désignerons le nuage de vapeurs pour le distinguer du grand nuage laminé qui plane habituellement au-dessus du mont. Les variations de volume du nuage de fumerolles étaient en rapport direct avec la hauteur du baromètre. Parfois, pendant plusieurs jours de suite, aucune fumée n'était visible; ce cas se trouva toujours réalisé durant les périodes de haute pression. Même alors, nous ne pouvons affirmer qu'il n'y eût aucune émission de vapeur, une brèche du cratère étant invisible de nos quartiers. De grandes projections de vapeurs se produisirent lorsque le baromètre monta à 737 millimètres (une haute pression pour cette région) et descendit à 710 millimètres (à peu près le minimum). Parfois un nuage de grandes dimensions était lancé jusqu'à une hauteur de plusieurs centaines de mètres, quelquefois jusqu'à 1 500 ou 1 800 mètres; il s'épanouissait alors en forme d'un immense champignon. Souvent, pendant ces paroxysmes, on pouvait distinguer deux colonnes de fumée sortant du cratère, l'une blanche (constituée de vapeurs), l'autre brune. Quand ces deux colonnes étaient prises brusquement par le vent, la blanche s'élevait plus haut que la brune. Plusieurs fois on observa la sortie de trois colonnes; le 11 avril, deux s'élevaient au-dessus du cratère, la troisième en dehors sur la droite; peut-être cette dernière est-elle un remous passant par la brèche?

Une des manifestations les plus fortes se produisit le 14 juin. Les vapeurs, continuellement projetées à une hauteur considérable, se rassemblèrent en un immense champignon qui plana au-dessus du cratère, à plusieurs centaines de mètres de hauteur.

A un moment, une explosion plus violente eut lieu, et la colonne ascendante perça le champignon et forma au-dessus de lui un cône.

Une très belle éruption eut lieu le 27 novembre, tandis qu'une partie des nôtres était campée sur la montagne, à une hauteur de 500 mètres à peu près. Plusieurs colonnes de fumée s'élevèrent simultanément et s'épanouirent comme un bouquet dans différentes directions. Des formations curieuses si variées de nuages en résultèrent que nous avons essayé de les photographier à plusieurs reprises au cours de notre expédition.

Éruption du 27 Novembre 1908.

De mai à septembre, nous aperçûmes souvent, par des temps sombres, une lueur rouge à la bouche du cratère. Habituellement, elle ne paraissait qu'à longs intervalles (toutes les dix minutes ou davantage) et semblait être le reflet de matières en fusion situées à l'intérieur du cratère. Quelquefois, elle brillait à des intervalles beaucoup plus rapprochés, de quelques secondes en quelques secondes, avec des lueurs plus vives de temps à autre.

Plusieurs fois (notamment les 14 et 25 juin), lorsque le nuage de fumée fut particulièrement développé, il nous sembla que des matières incandescentes ou chauffées à blanc étaient projetées à des hauteurs considérables — 300 à 600 mètres peut-être; — toute la partie inférieure du champignon se trouvait alors illuminée. Mais nous ne vîmes jamais aucune matière s'épancher par-dessous les bords du cratère.

Du cap Royds, le D⟨r⟩ Mackay observa plusieurs fumerolles dans l'ancien cratère. De temps à autre, de petits jets de vapeur s'échappaient de ces évents et, le 21 mai, un gros nuage de fumée jaillit.

Les projections de vapeur les plus considérables provenaient de l'Erebus, d'un point situé entre cette cime et le mont Bird. De cet endroit l'on vit, en avril, s'élever des nuages de vapeur et, en juin, Mawson y observa deux importantes irruptions. Le 17 juin, nous aperçûmes de nombreuses fumerolles s'étendant sur une grande surface.

Le 8 septembre, un unique jet de vapeurs jaillit à une immense

UNE DISPUTE ENTRE DEUX PHOQUES WEDDELL.

PHOQUE DESTINÉ AU GARDE-MANGER.

hauteur, à peu près deux fois celle de l'Erebus. Un vent violent soufflait à ce moment-là ; il emporta si rapidement la fumée que nous
n'eûmes pas le temps de mesurer la hauteur de la colonne. En dépit
de la tempête, elle fut projetée avec une telle force qu'elle s'élevait
presque verticalement.

RÉSULTATS SCIENTIFIQUES DE L'EXPÉDITION DANS LES MONTAGNES DE L'OUEST

I

GÉOLOGIE ET GÉOGRAPHIE

Par RAYMOND E. PRIESTLEY
Géologue de l'Expédition.

L A stratigraphie des montagnes qui bordent le glacier Ferrar se décompose ainsi : 1° à la base, une série de gneiss et de schistes ; 2° une masse de granite avec intrusion de dolérite ; 3° des roches sédimentaires traversées de coulées de roches volcaniques, auxquelles M. Ferrar a donné le nom de grès de Beacon. La nature éruptive de la dolérite est prouvée par le fait qu'on voit des veines de cette roche traverser le granite ou même en englober des fragments.

Le but principal de notre expédition au glacier Ferrar était d'examiner le grès Beacon dans l'espoir d'y trouver des fossiles. L'état de dégradation de la roche par les agents atmosphériques rendit cette espérance illusoire. Dans beaucoup d'endroits, ce grès est revêtu d'une épaisse couche de carbonate de chaux par suite de la dissolution de son ciment. En raison de ce phénomène de décalcification, le grès est devenu si friable qu'il s'écrase sous le doigt.

Nous explorâmes les moraines médianes et latérales jusqu'aux Roches de la Cathédrale ; nous remontâmes ensuite le côte nord du glacier et campâmes sur le morne, qui constitue l'extrémité supérieure des monts Kukri et qui sépare la branche orientale du glacier de la Vallée Sèche. Ces monts Kukri sont formés de granite avec des intrusions d'un porphyre vert sombre.

En contournant le glacier, nous constatâmes que les Roches Solitaires n'étaient pas des îlots rocheux, comme nous l'avions cru, mais étaient reliées à la paroi nord de la vallée par un bourrelet de granite haut de 3oo mètres.

Nous allâmes jusqu'à la falaise située en face de la paroi nord du glacier et en fîmes le tour jusqu'à ce que nous fussions à l'opposé des Roches Solitaires, ce qui nous permit de constater qu'il n'y a pas de passage pour la glace au nord de ces roches. Elles constituent l'extrémité d'une péninsule que contourne le glacier, en constituant une série de chutes. Au pied de la falaise, dans l'angle dessiné par l'itshme et la masse principale de la chaîne de l'Obélisque, se trouve un lac de grande dimension, alimenté par des eaux venant des Roches Solitaires et par divers autres torrents. L'émissaire de ce lac suit le côté nord du glacier. J'ai vu, par la suite, l'embouchure de cette rivière ; j'ai alors constaté qu'elle se divise en un grand nombre de bras et qu'elle a formé un vaste delta à l'extrémité orientale de la Vallée Sèche. La dénudation acoomplie par les eaux courantes doit avoir une certaine importance, quoiqu'elle ne puisse se produire que pendant une faible partie de l'année. En effet, tous les cours d'eau que j'ai vus charriaient des sédiments, et le lac avait une couleur jaune due aux matériaux qu'il tenait en suspension.

Je pus arriver jusqu'aux Roches Solitaires. Elles sont formées de bandes alternatives noires et jaunes, indiquées sur la carte Ferrar comme de la dolérite et du grès Beacon. Cependant un échantillon de la bande jaune inférieure de la roche nord s'est montré être du granite semblable à celui des monts Kukri.

Dans la moraine, on trouve du porphyre noir et du basalte ; ce qui indique la présence de ces roches dans les montagnes avoisinant la partie supérieure du glacier. Des fragments, tombés des parties culminantes des Roches Solitaires, montrent que ces roches sont en réalité formées de bandes alternantes de granite et de dolérite.

Nous nous dirigeâmes ensuite vers le mont Knob-Head et l'explorâmes à fond ainsi que les monts Terra-Cotta. Nous y trouvâmes du grès Beacon et de la dolérite, mais pas de fossiles.

En cet endroit, les falaises rocheuses sont creusées de rigoles dues à l'action du vent froid qui souffle du plateau de l'intérieur. On y trouve de beaux exemples de la déflation exercée par le vent chargé de sable. Il y a des marmites de grès polies et striées sur la face externe, et creuses à l'intérieur ; leur volume est à peu près celui d'une noix de coco. Nous nous rendîmes compte du mode de formation de ces marmites, lorsque nous constatâmes que le grès renferme normalement des nodules qui peuvent en être extraits par l'érosion. Si on les brise, on constate qu'ils sont formés d'une croûte compacte renfermant un grès à gros grains peu cohérents. On peut voir tous les stades, depuis le nodule intact et seulement poli à la surface, jusqu'à la marmite parfaite, dont tout l'intérieur a disparu et dont il ne reste que l'écorce renfermant les grains de quartz ayant servi à détruire la partie moins consistante de la roche, comme avec une lime. Dans un stade encore plus avancé, l'écorce elle-même commence à disparaître, et la coupe devient assez légère pour être soulevée et brisée par le vent.

Un autre exemple de déflation se remarque à une altitude de

1 800 mètres, dans les monts Terra-Cotta, où on peut observer le grès Beacon en place. L'une des couches est une roche blanche à grains fins. Elle surplombe de o m. 5o et, au-dessous de ce banc, on distingue une série de minces colonnes hexagonales, longues de o m. o2 à o m. 2o et épaisses de o m. o1, qui ont été engendrées par le vent.

Lorsque ces colonnettes sont rapprochées les unes des autres, elles ont une section hexagonale, due probablement à quelque particularité de structure de la roche. Les colonnes isolées n'ont plus aucune forme définie.

En pénétrant sur la branche est du glacier, nous rencontrâmes des moraines différant du type observé plus haut. Il semble hors de doute que la mer a joué un rôle considérable en soulevant ces matériaux au débouché du glacier. Je me propose de les étudier dans le chapitre suivant.

II

Description des moraines « échouées » et de celles
de la Vallée Sèche.
Récente émersion des rives du détroit
de Mac Murdo.

Ces moraines ont été visitées par nous les 4 décembre, 13 décembre et 5 janvier. Elles sont longues de plusieurs kilomètres et ont une largeur considérable; par endroits, elles atteignent 3o à 5o mètres de haut. Elles sont formées d'une accumulation hétérogène de débris de toutes sortes de roches, de dimensions très variables. Comme ces matériaux sont en général de couleur sombre, ils absorbent la chaleur solaire ; aussi autour la fusion de la glace est-elle intense. Pendant la belle saison, toutes les dépressions sont remplies par de petits lacs. Ceux-ci conservent leur eau, malgré le peu de cohésion de la moraine, parce que, à une faible profondeur, le sol reste gelé pendant toute l'année. Même en été, les débris qui constituent la moraine sont cimentés par la glace, sauf à la surface. Sur le bord des ravins creusés par les torrents, on voit des lentilles de glace dans l'épaisseur de la moraine. L'érosion due à ces cours d'eau est considérable ; la chaleur solaire joue aussi un rôle en désagrégeant les matériaux morainiques et en y provoquant des éboulements. Enfin le vent enlève les particules les plus fines.

Une grande partie des roches qui composent les moraines doit venir de l'autre côté du détroit ; on y trouve, en effet, de la kénite ; or on ne connaît pas d'autre centre d'éruption de cette roche que le mont Erebus. La partie méridionale de ces moraines est presque entièrement

(195)

composée de fragments anguleux de basalte et de kénite du côté de la mer ; les roches d'origine locale deviennent plus communes du côté de la terre. A l'extrémité nord de ces levées, ces dernières roches se rencontrent dans le versant tourné vers la mer.

Des amas coniques formés de fragments anguleux d'une seule espèce de roches sont évidemment le résultat de la désagrégation d'anciens blocs erratiques par le gel. Mais il n'en est pas toujours ainsi. J'ai vu un tuff basaltique recouvrir entièrement deux ou trois buttes, situées à l'angle sud-est de la moraine; et les fragments étaient trop éparpillés pour provenir d'un seul bloc.

Un fait prouve l'émersion récente de ces moraines. A leur extrémité nord-est, un certain nombre de buttes étaient couvertes d'un dépôt organique de même nature que celui trouvé dans les lacs. Toute cette région semble donc avoir formé le fond d'un lac. Celui-ci a été relevé, puis s'est vidé, et son bassin a été disséqué par les torrents, tandis que le pays plus élevé qui le limitait à l'est a été abaissé par l'érosion.

La Vallée Sèche de New-Harbour.

Le 12 janvier, nous quittâmes la pointe du Beurre pour New-Harbour et employâmes deux jours à explorer la Vallée Sèche, occupée autrefois par le bras nord-est du glacier Ferrar. La glace s'en est retirée, et la vallée est recouverte par un épais dépôt de débris morainiques. Nous y trouvâmes de nombreuses coquilles de *Pecten Colbecki*, mollusque qui vit encore dans la baie Back Door. Il y avait également des *Anatina* et d'autres coquilles, le tout jusqu'à une altitude de 16 mètres. L'abondance des mollusques et leur bon état de conservation prouvent qu'ils n'ont pas été apportés jusque-là par une tempête. Il s'agit encore là d'une émersion de la côte, tel qu'on en a constaté en d'autres points. Il est même probable que ce mouvement est encore en cours d'accomplissement.

Les traits caractéristiques des moraines de la Vallée Sèche sont les mêmes qui ont été étudiés dans le chapitre précédent, mais sur une plus large échelle. Pourtant, à une altitude de 150 à 200 mètres, j'ai constaté que l'erratique étranger à la vallée, c'est-à-dire la kénite et le basalte, ne diminue pas d'abondance et que la proportion de ces roches à celle de l'erratique d'origine locale reste la même.

Deux des cours d'eau seulement qui avoisinaient notre camp étaient actifs au moment de notre passage ; les autres n'étaient représentés que par un chapelet de flaques. D'autres dépressions renfermaient des efflorescences salines et indiquaient la place d'anciennes mares.

Le torrent le plus septentrional de la Vallée Sèche s'est creusé un lit profond de 16 mètres et dont les versants sont inclinés de 45° à 75°.

RÉSULTATS SCIENTIFIQUES

L'eau renferme énormément de matières en suspension. En approchant
de son embouchure, le torrent se divise en nombreuses branches et
décrit des méandres à travers les alluvions ; on voit alors les sédiments
se déposer, et l'épaisseur du delta augmente sensiblement en quelques
jours.

Moraines de la branche Est du glacier Ferrar.

Dans la vallée orientale du glacier Ferrar, on observe de petites
buttes dépassant la surface de la glace. Il s'agit visiblement des sommets
d'une moraine partiellement submergée. Ces dépôts, que j'ai étudiés
soigneusement, sont de tous points comparables aux moraines « échouées »
et à celles de la Vallée Sèche. Ils renferment des granites et des schistes
locaux, et, en outre, des tuffs volcaniques, du basalte, de la kénite et
divers porphyres.

Ainsi, en trois points différents, une partie des matériaux composant
les moraines provient de l'autre côté du détroit. On peut attribuer ce
phénomène soit au transport par la glace côtière, soit à une extension
beaucoup plus considérable des glaciers et de leurs affluents. Comme
preuve de ce paroxysme glaciaire, je citerai seulement l'existence d'erratique schisteux et granitique, à une altitude de 400 mètres, sur les
versants du mont Erebus. Cette découverte a été faite par MM. David,
Armytage et moi-même. Le troisième agent de transport, que j'ai
également observé, est l'iceberg. Au cap Royds, j'ai souvent vu de grands
morceaux de kénite emportés sur des fragments détachés de l'icefoot,
et j'ai observé des icebergs entièrement farcis de sédiments fins. Mais,
avec le niveau qu'occupe la glace actuellement, ce dernier facteur n'a
qu'une importance restreinte.

III

Effets de l'insolation sur les différentes variétés de glace et de neige.

La fusion de vastes surfaces de neige pure a pour effet l'augmentation
de volume de certains grains au détriment des autres. Lorsque la
température de l'air est basse et que la surface de la neige est rafraîchie
par la brise, il se forme une croûte délicatement équilibrée au-dessus
du reste. En effet, la vapeur provenant de la fusion des cristaux situés
en profondeur vient se condenser et se regeler dans la couche superficielle, dont les cristaux sont ainsi soudés ensemble. Au-dessous de
cette couche, le processus d'ablation continue, laissant comme produit

final une poudre formée de granules plus grands que ceux de la couche originelle. La croûte superficielle est supportée par des colonnettes espacées. Aussi, lorsqu'on s'y aventure, il arrive qu'elle s'éboule sur une vaste étendue.

Grâce à ce phénomène, les tempêtes d'été entraînent peu de neige ancienne ; elle ne s'élève généralement pas à plus de 1 mètre, parce que les granules formés par la fusion sont trop lourds pour que le vent puisse les soulever bien haut ou les entraîner au loin.

Lorsque ce phénomène se produit dans des couches de neige situées sur la glace de mer, il est un peu modifié, parce que cette glace se liquéfie à une température inférieure à o°. En conséquence, la couche de neige fond par en dessous et la croûte superficielle devient plus épaisse. Lorsqu'elle se brise sous le pied de l'explorateur, celui-ci s'enfonce de o m. 15 à o m. 20 dans une flaque d'eau salée, et ceci rend les voyages peu agréables en été.

Le 21 Décembre, la température de l'air atteignit 4°,4 ; au bout de quelques heures, les o m. o5 de neige qui étaient tombés la nuit précédente avaient été enlevés par fusion, ou convertis en une mince croûte de glace opaque.

Sur les glaciers, la fusion produit des effets curieux. Chaque pierre de la moraine est entouré d'un creux qui a été formé dans la glace grâce à la radiation provenant de ce bloc. Ces dépressions sont toujours plus ou moins pleines d'eau de fusion ; celle-ci s'écoule également à travers toutes les fissures de la glace. Les ruisselets se réunissent pour former des ruisseaux qui courent à la surface du glacier et finissent par se jeter dans la rivière qui sort de son extrémité terminale.

Un autre effet de la chaleur solaire s'observe lorsque la neige se trouve au-dessus des blocs morainiques, dans les parties basses du glacier. Beaucoup de ces blocs portent, sous la neige, une enveloppe de glace pure, et, entre chaque bloc et la neige, se trouve une couche intermédiaire, formée de gros grains, dont le diamètre peut atteindre 9 millimètres.

DISTANCES PARCOURUES

PENDANT LA MARCHE VERS LE PÔLE

L E tableau suivant donne l'indication, jour par jour, des distances parcourues au cours de la marche vers le Pôle. Les distances en minutes
ou milles marins, données dans la première colonne, se rapportent à
la période allant du 15 novembre, date à laquelle l'expédition abandonna le dépôt A, au 9 janvier, où elle atteignit le point le plus méridional. Elles ont été mesurées sur la carte, après que toutes les corrections nécessaires ont été faites ; elles représentent une ligne droite d'un
camp à un autre. Dans la seconde colonne, on trouvera les latitudes
observées à midi, lorsque les circonstances étaient favorables. Les
observations ont été vérifiées par les soins de la Société de géographie
de Londres.

Les colonnes suivantes donnent les distances parcourues jour par jour
d'après le taximètre des traîneaux. Naturellement elles comprennent
tous les détours qui ont été si souvent rendus nécessaires par les conditions du terrain. On peut avoir confiance dans les indications de cet
instrument ; en effet, au moyen de ce compteur, nous pûmes souvent,
au retour, calculer notre position sans faire d'observations de latitude.
Nous ne prîmes qu'une seule observation en regagnant la côte (le
31 janvier, position à midi 82°58') ; dans cette station, le théodolite
confirma les données fournies par le taximètre.

Nous fîmes des observations de la déclinaison, chaque fois que nous
prîmes une latitude ; on en trouvera des résultats sur la carte.

Pour les observations de latitude, on s'est servi d'un théodolite de
7 m. 06, qui avait été soigneusement vérifié avant le départ de notre
expédition. Une observation prise au retour, en un point dont nous
connaissions la position, montra que l'instrument était exact.

La dernière observation a été prise à l'aller par 87°22'. Le reste de
la distance parcourue vers le sud a été calculé d'après les indications du
compteur. L'exactitude de cet instrument nous fut démontrée par ce
fait qu'au retour nous pûmes retrouver nos dépôts sans faire d'observation de latitude.

AU CŒUR DE L'ANTARCTIQUE

Les chronomètres furent vérifiés au départ et au retour ; on trouva seulement une erreur de huit secondes. Toutes les hauteurs, les angles et les azimuts furent pris avec la théodolite. La variation fut observée au moyen d'une boussole fixée au théodolite, et on régla les compas de route d'après ses indications.

DATES.	Milles marins	Latitude à midi	Kilom.	Mètres	Relais
1908					
29 Octobre	—	—	23	334	—
30 — (Pointe de la Hutte).	—	—	15	288	—
31 — (Retour à Royds) . .	—	—	37	14	—
1er Nov. (Pointe de la Hutte) . .	—	—	37	14	—
2 — (Blizzard).	—	—	Repos	—	—
3 —	—	—	19	586	—
4 —	—	—	26	206	—
5 —	—	—	15	32	—
6 — (Blizzard)	—	—	Repos	—	—
7 —	—	—	1	600	—
8 — (Blizzard)	—	—	Repos	—	—
9 —	—	—	23	78	—
10 —	—	—	25	520	—
11 —	—	—	24	140	—
12 —	—	—	25	610	—
13 —	—	—	25	520	—
14 —	—	—	25	54	—
15 —	7,39	79° 36′	17	473	—
16 —	14,91	—	27	514	—
17 —	13,3	—	25	932	—
18 —	13	—	24	597	—
19 —	13,7	—	24	323	—
20 —	13,6	—	24	871	—
21 —	13,3	—	24	600	—
22 —	16	—	24	365	—
23 —	14	—	28	830	—
24 —	15,4	—	27	995	—
25 —	14,6	—	28	830	—
26 —	13,2	82° 12′	27	296	—
27 —	15,5	—	26	840	—
28 —	13,6	82° 39′	26	505	—
29 —	11,7	—	23	349	—
30 —	11	—	19	450	—

DATES	Milles marins	Latitude à midi	Kilom.	Mètres	Relais
1er Décembre	10,5	—	19	500	—
2 — (Mont de l'Espérance.) . .	10,3	—	19	—	—
3 —	—	—	32	186	—
4 —	10,5	83° 33'	16	—	—
5 —	3,1	—	8	—	4
6 —	4,1	—	6	437	3
7 —	9,1	—	16	611	—
8 —	7,7	—	19	448	—
9 —	9,8	84° 2'	19	20	2
10 —	9,8	—	18	482	—
11 —	7,2	—	13	685	—
12 —	3,1	—	5	278	6 1000
13 —	4,5	—	8	47	6
14 —	8	—	12	65	2
15 —	11,5	—	21	100	—
16 —	12	84° 53'	22	450	—
17 —	9,1	—	19	537	1
18 —	3	—	10	196	12
19 —	7,4	—	16	93	1 880
20 —	10	85° 19'	18	600	1
21 —	7	—	9	656	3
22 —	7	—	6	437	6
23 —	6,2	—	20	921	—
24 —	9,2	—	17	925	—
25 —	9,2	—	16	688	—
26 —	11,4	—	22	980	—
27 —	12	—	23	430	—
28 —	11,7	—	22	900	—
29 —	10,1	—	19	852	—
30 —	3,7	—	6	527	—
31 —	8,5	—	17	702	—
1909					
1er Janvier	9,7	86° 59'	18	512	—
2 —	9,1	—	16	492	—
3 —	12,6	87° 22'	19	214	—
4 —	12,2	—	23	160	—
5 —	13,4	—	24	550	—
6 —	13,2	88° 7' (Camp)	24	410	—
7 — (Blizzard)	—	—	Repos	—	—
8 — (Blizzard)	—	—	Repos	—	—

DATES	Milles marins	Latitude à midi	Kilom.	Mètres	Relais
9 Janvier.	16,5	88° 23' (Point extrême-sud)	29	600 (A partir du camp et retour.)	—
RETOUR.			29	600	—
10 —	—	—	34	70	—
11 —	—	—	32	—	—
12 —	—	—	23	430	—
13 —	—	—	25	580	—
14 —	—	—	33	629	—
15 —	—	—	32	186	—
16 —	—	—	29	690	—
17 —	—	—	36	125	—
18 —	—	—	42	652	—
19 —	—	—	46	670	—
20 —	—	—	24	860	—
21 —	—	—	27	358	—
22 —	—	—	24	950	—
23 —	—	—	23	430	—
24 —	—	—	25	750	—
25 —	—	—	41	842	—
26 —	—	—	25	750	—
27 —	—	—			—
28 —	—	—	23	340	—
29 — (Blizzard)	—	—	3	220	—
30 —	—	—	20	920	—
31 —	—	82° 58'	21	720	—
1er Février	—	—	22	180	—
2 —	—	—	20	730	—
3 —	—	—	10	466	—
4 — (Dysenterie)	—	—	Repos	—	—
5 —	—	—	12	875	—
6 —	—	—	16	93	—
7 —	—	—	20	100	—
8 —	—	—	19	312	—
9 —	—	—	23	340	—
10 —	—	—	32	456	—
11 —	—	—	26	920	—
12 —	—	—	22	935	—
13 —	—	—	19	312	—
14 —	—	—	18	960	—
15 —	—	—	19	708	—

DATES	Milles marins	Latitude à midi	Kilom.	Mètres	Relais
16 Février	—	—	20	920	—
17 —	—	—	30	750	—
18 —	—	—	24	500	—
19 —	—	—	22	926	—
20 —	—	—	22	530	—
21 —	—	—	32	186	—
22 —	—	—	32	900	—
23 —	—	—	22	980	—
24 — . . . . . . `. . . .	—	—	24	140	—
25 — (Blizzard)	—	—	Repos	—	—
26 — (On laisse A. et M.).	—	—	38	624	—
27 —	—	—	62	763	—
28 —	—	—			—
1er Mars	—	—		—	—
2 —	—	—	101	—	—
3 —	—	—	(48 aller, 53 retour.)	—	—
4 —	—	—		—	—

La distance totale parcourue, du 29 octobre au 4 mars, est de
2 776 kil. 306, en y comprenant les détours et les marches en arrière.

TRAVERSÉE DE RETOUR DU « NIMROD »

L E voyage de retour du *Nimrod*, effectué sous le commandement de
M. J. K. Davis, a été rendu intéressant par la recherche d'un certain nombre d'îles, qui sont portées sur la carte, mais dont l'existence
est douteuse. Voici le rapport de M. Davis :

« Après avoir quitté Sydney le 8 mai, je me dirigeai vers le Sud, en
suivant le 151° longitude est. Le 12 mai, nous étions par 43° latitude
sud, le vent soufflant du Sud-Est ; le 17, je n'étais qu'à 97 milles de la
position des îles telle qu'elle est donnée sur la carte. Un sondage
donna 3420 mètres de fond. Le 18 mai, nous passions sur la position
indiquée pour l'île de la Compagnie Royale, sans avoir aucune terre en
vue. Je me dirigeai à l'est, puis au sud, sans relever aucun indice du
voisinage d'une terre.

« Le 24 mai, à 190 milles de l'île Macquarie, nous fûmes surpris par
un assez violent coup de vent de nord-est. Le 25, le vent tourna au sud-
ouest ; à 11 h. 45 du soir, nous aperçûmes une île que nous longeâmes
jusqu'à ce qu'au matin le vent et la mer devinssent moins violents. Mes
instructions étaient de visiter l'île Macquarie et d'y faire des collections
zoologiques et géologiques, dans le but de relier les connaissances
recueillies dans l'Antarctique avec ce que nous savons de l'Australie
et de la Nouvelle-Zélande. Je devais aussi examiner si les pingouins et
d'autres oiseaux y émigrent en hiver. En effet, les pingouins, en particulier, abandonnent l'Extrême-Sud lorsque la mer gèle en avril et n'y
retournent que l'été suivant. On ignore encore vers quelle région ils se
dirigent.

« Nous avions aperçu l'île dans la nuit du 24 mai ; au jour, nous
pûmes distinguer ses traits caractéristiques. En approchant du côté de
l'Est, on est tout d'abord frappé par la hauteur de l'escarpement de la
ligne de côte, qui s'élève, par endroits, directement jusqu'à 500 mètres.
A l'extrémité sud-est, il y a un récif dangereux, sur lequel la mer brise.
En approchant encore davantage, nous vîmes que les versants des
montagnes sont verts ; nous pûmes distinguer plusieurs chutes d'eau.
Une large baie ou plutôt une grande concavité de la côte offre un
mouillage au sud de l'île. On le nomme Lusitania Road. En arrière se

trouve une ligne de rochers, et à travers une brèche de cette falaise on peut débarquer.

« A 10 heures du matin, nous jetâmes l'ancre à un quart de mille du rivage, par 15 mètres de fond. Du navire nous voyions deux huttes situées au pied de la colline. Une grande rookery de pingouins et quelques éléphants de mer animaient le paysage. Un canot fut mis à la mer et réussit à accoster malgré le ressac. On trouva les versants des collines couverts d'une végétation herbacée ; il n'y avait ni arbres ni buissons dans l'île. Une petite rivière coule dans une vallée limitée par les collines et rend les bas-fonds marécageux. Des deux huttes, la plus grande avait servi de fonderie pour la graisse des éléphants de mer ; la plus petite était l'habitation des gens qui s'occupaient de cette industrie. Toutes deux étaient très délabrées.

« L'éléphant de mer, dont la taille atteint parfois 10 mètres, est un animal lourd et maladroit, qui passe presque tout son temps à dormir dans l'herbe, à peu de distance de la mer. Il a de grandes dents qui ressemblent un peu à des défenses ; malgré son apparence redoutable, il n'est pas dangereux. Les pingouins étaient nombreux en cet endroit ; les jeunes se trouvaient déjà presque en état de prendre la mer.

« Après être restés à l'ancre pendant la nuit, le lendemain nous longeâmes la côte vers le nord. Un vent de nord-ouest descendait des collines par rafales et balayait la crête des vagues. A environ 10 kilomètres de la côte, il y a dans les collines une brèche nommée Gorge Verte ; c'est une large vallée, qui traverse l'île. Plus loin nous découvrîmes Nugget Point ; à partir de cet endroit, une ligne de récifs s'étend à quelque distance en mer. En approchant de ce point, nous aperçûmes deux huttes sur le rivage et une épave. Soudain, à notre grand étonnement, une colonne de fumée s'éleva de la plus petite des deux cabanes. Avec la lunette, nous vîmes un homme debout sur le seuil, surveillant notre approche. Nous jetâmes l'ancre, et un canot fut envoyé à terre. L'homme s'approcha du rivage, avec deux petits chiens. Le ressac était violent ; notre nouvel ami nous indiqua un endroit pour absorber et aida l'équipage à atterrir. Tout le monde s'empressa de lui demander depuis combien le temps il était dans l'île, s'il y était seul, ce qu'il y faisait, etc. Voici les renseignements qu'il nous donna. M. W. Mac Kibbon était arrivé dans l'île en mars dernier sur un petit navire, appelé le *Jessie Nicoll* et appartenant à une compagnie qui avait la concession de l'île pour y exploiter l'huile de pingouin et les éléphants de mer. Ce navire amena quelques hommes qui travaillent pendant la belle saison. Au moment où le bateau repartit avec sa cargaison, notre ami préféra rester dans l'île afin d'y récolter de l'huile pendant l'hiver pour la saison prochaine.

« Le lendemain, j'allai moi-même à terre ; Mac Kebbon nous conduisit à sa petite hutte, qui était confortable et chaude et d'une propreté rigoureuse. Elle se composait de deux chambres, dans chacune desquelles il y avait du feu. L'une servait d'atelier et de dépôts, l'autre de chambre à coucher. Ce Robinson, malgré ses cinquante ans, était aussi alerte qu'un jeune homme. «Je n'ai jamais été indisposé », me répondit-il lorsque je lui demandai ce qui arriverait s'il tombait malade. Il était presque aussi surpris que nous de notre rencontre. Lorsqu'il apprit que nous revenions de l'Antarctique, il nous raconta qu'il avait navigué dans les mers arctiques sur la frégate à roues *Valorus*, destinée à ravitailler l'expédition de Nares et Markham.

« Nous restâmes quatre jours à l'île Macquarie et y fîmes une bonne collection d'échantillons d'histoire naturelle. Nous en partîmes le 3o mai ; dès que nous eûmes quitté l'abri de l'île, nous rencontrâmes une forte brise d'ouest, avec grosse mer. Nous passâmes sur la position indiquée pour l'île Emerald le 3ı mai, à 8 heures du soir. La nuit était claire ; nous n'étions qu'à trois jours de la pleine lune ; s'il y avait eu la moindre terre dans le voisinage, nous n'aurions pas manqué de la voir. La hauteur de la mer ne nous permit pas de faire de sondage.

« Le 9 juin nous arrivâmes dans le voisinage de la position assignée aux îles Nemrod et, à ı h. ı5 du matin, par temps clair, nous passâmes sur ce point, sans avoir aucune terre en vue. La mer était encore forte. Après avoir parcouru 6o milles à l'est de cette position, j'essayai de sonder. Cette opération, exécutée à la lumière de la lampe et pendant que le navire roulait fortement, n'eut pas grand succès. Nous filâmes 2 ooo mètres de corde sans rencontrer le fond.

« Le ı7 juin à midi, nous calculâmes que nous étions sur le gisement de l'île Dougherty ; mais, comme le temps était couvert, nous ne pûmes vérifier cet estime. Le capitaine Keates place cette île sur la même latitude, mais à 34 milles à l'est de la position donnée par le capitaine Dougherty. Aussi je me dirigeai dans l'Est, en suivant ce parallèle ; puis, dès que la mer fut plus calme, je revins dans l'Ouest. Mais du haut de la mâture aucune terre n'était en vue. Vers 4 heures du soir, j'étais de nouveau sur la position indiquée par le capitaine Keates. Nous continuâmes vers l'Est le long du 59° 2ı' de latitude sans voir trace de de terre.

« La nuit, sous cette latitude et en cette saison, dure seize heures ; par suite, les recherches de ce genre sont très difficiles ; sans affirmer que les îles en question n'existent pas, je puis dire qu'elles n'occupent pas les positions qui leur sont assignées. Par 59° 3ı' latitude sud et ı07° longitude ouest, nous rencontrâmes des vents de nord-est qui nous refoulèrent jusqu'au 6ı° 5' sud, où nous trouvâmes un temps doux et des pluies continuelles.

« Le 17 juin, à 10 h. 45 du soir, nous vîmes l'île Diego-Ramirez sur notre droite, à une distance de 14 milles. Nous fîmes un très bon relevé de cette position, et nous constatâmes que, malgré les changements de température auxquels ils avaient été soumis, nos chronomètres étaient en bon état. La nuit était nuageuse et le fait que nous vîmes si distinctement ces îlots, dont le point le plus élevé n'a pas plus de 160 mètres, me confirma dans l'idée que, si les autres îles avaient existé dans le voisinage des positions indiquées, nous n'eussions pas manqué de les voir. »

Le *Nimrod* toucha à Montevideo et arriva à Falmouth le 29 août. Quatre jours après, il mouillait dans la Tamise, terminant ainsi son aventureuse croisière. Le navire avait quitté l'Angleterre depuis vingt-cinq mois.

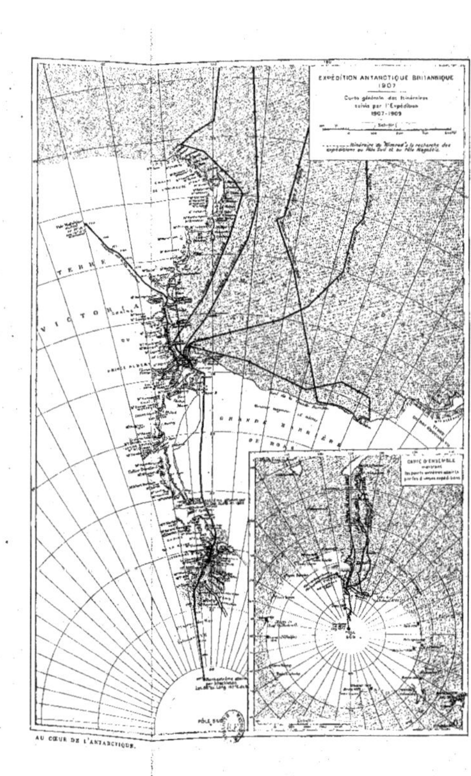

AU CŒUR DE L'ANTARCTIQUE.

DÉPENSES DE L'EXPÉDITION ANTARCTIQUE DE 1907 JUSQU'EN AOUT 1909

	FRANCS
Prix d'achat du *Nimrod*.	125.000
Aménagements et passage en cale sèche à Londres . .	63.750
Aménagements et réparations à Lyttelton (Nouvelle-Zélande)	18.525
Réparations effectuées à Lyttelton après le retour du navire de l'Antarctique, à son premier voyage . .	23.930
ENSEMBLE.	231.205
Armement du navire, machine et divers	63.500
Armement du navire de secours.	12.260
Vivres	45.430
Appointements : capitaine, officiers et équipage . . .	131.030
Approvisionnement de charbon à Londres, Torquay, Saint-Vincent, Capetown, Lyttelton et Montevideo.	58.000
Dépenses générales comprenant la main-d'œuvre, le pilotage, etc	34.125
Assurance du navire, etc	21.590
Équipement de l'expédition à terre, pour 16 hommes pendant deux ans.	107.420
Équipement de secours pour cette expédition	8.200
Vivres pour 16 hommes pendant deux ans.	50.125
Vivres pour toute l'expédition : 40 hommes pendant un an	45.185
Appointements des membres de l'expédition à terre. .	151.375
Prix de 15 poneys de Mandchourie, comprenant le prix d'achat, leur transport de Chine en Nouvelle-Zélande, le harnachement, deux ans de vivres, etc. .	37.940
Coût de 9 chiens, avec leur nourriture.	3.150
Intérêts et frais de banque.	50.525
Passages d'une partie de l'expédition en Nouvelle-Zélande et retour	25.420
Dépenses de voyage.	11.075
Frais généraux : traitement de l'administrateur, télégrammes, correspondance, etc.	37.125
Câblogrammes entre Londres, l'Australie et la Nouvelle-Zélande, avant le départ de l'expédition et à son retour	6.600
TOTAL.	1.131.280

INDEX ALPHABÉTIQUE

S
E O
N

TABLE DES PLANCHES HORS TEXTE

TABLE DES PLANCHES HORS TEXTE

TABLE DES PLANCHES HORS TEXTE

TABLE DES MATIÈRES

TABLE DES MATIÈRES

CORBEIL. — IMPRIMERIE CRÉTÉ.